# Clase Bíblica para Adultos y Jóvenes: Guía Principiantes: Eclesiastés

**Clase Bíblica Dominical Para Jóvenes y Adultos, Volume 21**

Sermones Bíblicos

Published by Guillermo Doris McBride, 2024.

CLASE BÍBLICA PARA ADULTOS Y JÓVENES: GUÍA PRINCIPIANTES: ECLESIASTÉS

**First edition. December 21, 2024.**



Written by Sermones Bíblicos.

# Tabla de Contenido

Dado que es muy probable que Salomón fuera el autor de este libro, sabemos que debió de escribirse en algún momento antes de su muerte, en el año 931 a.C. El mensaje del Eclesiastés procede de alguien que mira hacia atrás, hacia una vida de muchas experiencias pero pocas recompensas duraderas. Como rey, Salomón tuvo la oportunidad y los recursos para perseguir las recompensas de la sabiduría, el placer y el trabajo. Sin embargo, el tono cansado del mundo de la escritura sugiere que más tarde en su vida reflexionó con pesar sobre su locura pasada y quiso guiarnos hacia una vida mejor y más sencilla, vivida a la luz de la dirección de Dios (Eclesiastés 12:13-14).El Eclesiastés presenta una visión de la vida desde una perspectiva totalmente humana, pero al final el Maestro reconoce el gobierno y el dominio de Dios en el mundo. La calidad humanística del libro lo ha hecho particularmente popular. El Eclesiastés atrae a lectores jóvenes que intentan discernir el propósito y el sentido de sus vidas, pero también a hombres y mujeres que han experimentado más que su parte de dolor e inestabilidad, pero que siguen aferrados a su esperanza en Dios. El Eclesiastés, como gran parte de la vida, es un viaje de un punto a otro. Salomón expresa su punto de partida al principio del libro: «Nada tiene sentido... ¡ningún sentido!». (Eclesiastés 1:2). Estas palabras indican el absoluto sinsentido de la vida tal como él la veía. Nada podía aliviar su sensación de estar perdido en el mundo, pues ya había probado toda una serie de remedios comunes, desde el placer al trabajo, pasando por el intelecto. Es inútil buscar la vida sin buscar a Dios.Pero incluso en la búsqueda desesperada de sentido y propósito del escritor, Dios sigue estando presente. Por ejemplo, leemos las afirmaciones de Salomón de que Dios proporciona comida, bebida y trabajo (Eclesiastés 2:24); que tanto el pecador como el justo viven a los ojos de Dios (Eclesiastés 2:26); que las obras de Dios son definitivas (Eclesiastés 3:14); y que Dios permite a las personas disfrutar de Su provisión (Eclesiastés 5:19).

En última instancia, la gran verdad del Eclesiastés reside en reconocer la mano siempre presente de Dios en nuestras vidas. Incluso cuando la injusticia y la incertidumbre amenazan con abrumarnos, podemos confiar en Dios y seguirle (Ecl 12,13-14).Todos anhelamos que la vida tenga sentido. A menudo esta búsqueda nos lleva por caminos sinuosos, llenos de altibajos, llenos de ráfagas de satisfacción que brillan durante un tiempo pero que acaban por desvanecerse. En cierto modo, es satisfactorio ver que esta experiencia se repite a lo largo del Eclesiastés. La lectura de las páginas de este libro nos permite apreciar nuestra humanidad común. Nos identificamos con el viaje de Salomón porque, para muchos de nosotros, es el nuestro. Cuando intentamos encontrar el sentido de las cosas buscando el placer, trabajando o explorando las profundidades intelectuales, todos acabamos por darnos cuenta de que cada una de estas búsquedas es un callejón sin salida.El Eclesiastés nos muestra a un hombre que pasó por este proceso y salió del otro lado con una perspectiva más sabia y experimentada. Rodeados por la tentación de proclamar que la vida está vacía, encontramos en el Eclesiastés una visión del mundo atemperada por la experiencia y vista en última instancia a través de lentes teñidas de divinidad. La vida está destinada a seguir siendo insatisfactoria a menos que reconozcamos la intervención de Dios. Debemos decidir si ponemos o no nuestra confianza en sus manos seguras y capaces.¿Has luchado con objetivos equivocados en la vida? ¿Su vida carece del sentido y el propósito que desea? Escucha las palabras de Salomón y deja que te animen a poner tu confianza sólo en el Señor.

# Introducción

Para entender este libro es esencial conocer el significado de dos expresiones hebreas: vanidad de vanidades y bajo el sol. Vanidad aparece 37 veces e indica la naturaleza inútil, evasiva y misteriosa de la vida. Bajo el sol aparece 29 veces e indica una visión mundana de la vida. Estas dos expresiones indican que el escritor, Salomón el predicador, no está describiendo el mundo desde su propia perspectiva como rey elegido de Dios, sino desde la perspectiva de un hombre increíblemente exitoso pero mundano que ve el mundo aparte de Dios y concluye que no hay esperanza. En última instancia, la respuesta a la desesperación se encuentra en 12:13: teme a Dios y guarda sus mandamientos.

Dios inspiró al hombre al que había dotado de la mayor sabiduría (1 Reyes 4:29-34) para que escribiera el libro del Eclesiastés (1:1, 12). Salomón escribió para los jóvenes (11:9) y especialmente para su hijo (12:12), pero lo que escribió es útil para todos. Salomón disponía de recursos casi ilimitados para encontrar la respuesta a la pregunta: «¿De qué le sirve al hombre todo su trabajo?» (1:3; 2:24; 3:9). Para encontrar la respuesta, exploró muchos medios de vida: la sabiduría, el placer, la riqueza e incluso la experiencia religiosa. Tras sus intentos por descubrir «la buena vida», llegó a una conclusión sorprendente: No hay nada mejor para un hombre que comer y beber, y decirse a sí mismo que su trabajo es bueno (2:24). En el Eclesiastés, Salomón da muchas advertencias sabias, instando a los lectores a tratar de vivir una buena vida. Pero el razonamiento de Bajo el sol lleva a la conclusión de que la alegría, la sabiduría y la moralidad conducen al mismo final: la muerte llega a todos por igual y es el fin de todos.

¿Podría un libro así haber sido inspirado por Dios? Por supuesto que sí. Cada palabra de este libro, al igual que los demás libros de la Biblia, fue inspirada por Dios. Es el mejor ejemplo de razonamiento bajo el sol, y demuestra de forma concluyente que la revelación especial de Dios es esencial para responder a las preguntas planteadas en el Eclesiastés.

El nombre del libro significa «predicador» o «el que convoca a la asamblea». El Eclesiastés se lee en la fiesta judía anual de los Tabernáculos. Salomón escribió tres libros del Antiguo Testamento. Probablemente escribió el Cantar de los Cantares en su juventud, los Proverbios en su madurez y el Eclesiastés en su vejez, cerca del momento de su muerte en el año 931 a.C.

El libro del Eclesiastés motiva al lector a buscar en Dios las respuestas a los problemas de la vida y a no conformarse con razonamientos bajo el sol como medio para llegar a soluciones absolutas. En última instancia, la respuesta al sentido de la vida está en obedecer a Dios y disfrutar de su comunión..

# Eclesiastés 1:1-5

Usted recordará, que cuando estuvimos en la última oportunidad estudiando el libro de Proverbios. Dijimos entonces que Salomón había sido el escritor de ese libro de Proverbios, y también del libro de Eclesiastés y del de Cantar de los Cantares. Aquí en este libro en particular encontramos algo diferente de lo que decía el libro de Proverbios. En el libro de Proverbios pudimos observar la sabiduría de Salomón y aquí podemos ver la insensatez de aquel hombre. Eclesiastés es la dramática autobiografía de su vida cuando él se encontraba lejos de Dios.

La palabra Eclesiastés quiere decir "el hombre de la asamblea (o el orador, predicador, el maestro de sabiduría o filósofo". Nos gusta más utilizar el término filósofo que el de predicador porque puede ser malentendido.

Para comprender correctamente cualquier libro de la Biblia, es importante saber el propósito con el cual fue escrito. Usted probablemente se ha dado cuenta que nosotros presentamos una introducción a cada libro de la Biblia que nos toca estudiar. Es necesario quizá retroceder, alejarnos un poco de él para poder tener una perspectiva de este. Es necesario que enfoquemos la Biblia con un telescopio, por así decirlo, antes de analizarla con el microscopio. En el caso de este libro, la necesidad de esa perspectiva es más evidente que en muchos otros libros de la Biblia.

En este libro, podemos ver la filosofía humana aparte de Dios, que siempre debe alcanzar las conclusiones que alcanza este libro. Tenemos que entender esta realidad del Eclesiastés porque en él se encuentran afirmaciones que contradicen a otras declaraciones de las Sagradas Escrituras.

En realidad, casi nos impresiona saber que este libro ha sido el favorito de muchos ateos, que lo han citado con frecuencia. Un ejemplo de esto lo vemos en los escritos de Voltaire. En la actualidad encontramos que los cínicos y los críticos tienden a citar este libro. Y también es interesante notar el número de sectas que utilizan pasajes de este libro y los citan fuera de su contexto, dándoles un significado completamente erróneo.

El hombre ha tratado de muchas maneras de ser feliz sin Dios y hay millones de personas que están intentando lograrlo todos los días. Y este libro nos muestra lo absurdo de tales intentos. Salomón fue el hombre más sabio que existió y él tenía una sabiduría que le había sido dada por Dios mismo. Él probó todas las áreas y medios del placer y la felicidad conocidos por el ser humano, y su conclusión fue que todos podían ser calificados de *vanidad*. La palabra vanidad nos habla de algo vacío, sin propósito. La satisfacción de la vida nunca puede ser obtenida de esta manera.

Dios le demostró a Job, un hombre justo, que él era un pecador ante los ojos de Dios. Y aquí en Eclesiastés, Dios le demostró a Salomón, el hombre más sabio, que él es un insensato ante la mirada de Dios. Éste es un libro del cual personas de todos los niveles culturales pueden aprender grandes lecciones. A pesar de su sabiduría y de todos los intentos por afrontar la vida desde un punto de vista intelectual, las personas no regeneradas espiritualmente, son consideradas por Dios como insensatas. Y esta verdad, es difícil de aceptar por parte de aquellos que ponen demasiado énfasis en la inteligencia y en la cantidad de conocimiento e información que han podido acumular.

En este libro de Eclesiastés aprendemos que sin Cristo nosotros no podemos tener la verdadera satisfacción; incluso, aunque llegáramos a poseer todo el mundo y las cosas que los seres humanos consideran hoy necesarias para traer la felicidad a sus corazones. Pero hoy, el mundo no puede satisfacer el corazón porque el corazón es demasiado grande para ese objeto. Y cuando estudiemos el próximo libro escrito por Salomón, el Cantar de los Cantares, aprenderemos que si nos apartamos de los valores de este mundo y depositamos nuestro afecto en el Señor Jesucristo, disfrutaremos de la infinita hermosura de Su amor, aunque no podamos profundizar en su grandeza. En este caso, el objeto es demasiado grande para el corazón humano.

Nuevamente queremos decir que la palabra "vanidad" es la palabra clave de este libro, que se repite 37 veces. La frase clave es "debajo del sol", que se menciona 29 veces. Y también debemos mencionar que existe otra expresión que también se repite varias veces y es, "Dije yo en mi corazón". Es decir, que este libro contiene las reflexiones del corazón del hombre. Éstas son las conclusiones a las que el hombre llega a través de su propia inteligencia, a través de sus propios experimentos. Aunque las conclusiones de Salomón no son inspiradas, la Sagrada Escritura que nos las presenta, es inspirada.

Nos gustaría en este instante presentar un bosquejo de este libro, ya que algunos lo conciben como una colección de temas editados de forma aleatoria. En primer lugar, el problema se resume en la siguiente declaración: "Todo es vanidad". La exposición de esta afirmación se encuentra en el capítulo 1, versículos 1 al 3.

En segundo lugar, el experimento, lo vemos realizado desde el capítulo 1 versículo 4, hasta el capítulo 12:12. Por experimento, queremos decir la búsqueda de la satisfacción en las siguientes áreas: la ciencia (1:4-11), la sabiduría y la filosofía (1:12-18), el placer (2:1-11), el materialismo o el vivir sólo para el presente (2:12-26), el fatalismo (3:1-15), el egoísmo (3:16 - 4:16), la religión (5:1-8), las riquezas (5:9 - 6:12) y la moralidad

(7:1-12:12). Ésas fueron las cosas que Salomón probó, y en estas páginas nos expuso su búsqueda.

Y luego tendremos el resultado de ese experimento, está expuesto en el capítulo 12 versículos 13 y 14.

Vamos ahora comenzar nuestras reflexiones en el...

## Capítulo 1

Eclesiastés no es un libro de fragmentos arreglados sin "ton ni son", o un grupo de versículos agrupados de forma aleatoria. Como hemos visto en nuestro bosquejo general, comienza con una declaración especificando el problema: Todo es vanidad en este mundo. Luego encontramos la realización de diversos experimentos por medio de los cuales Salomón buscó la satisfacción en diferentes áreas de la experiencia humana, como la ciencia, las leyes de la naturaleza, la sabiduría y filosofía, el placer y el materialismo, es decir, el vivir para el ahora, para el tiempo presente. También exploró el fatalismo, el egoísmo, la religión, las riquezas y la moralidad. Después, en los versículos finales del libro, nos presentó el resultado de sus experimentos.

Tengamos en cuenta que las conclusiones de cada experimento, son conclusiones humanas. Estas conclusiones no forman parte de la verdad de Dios. Son los razonamientos del ser humano que vive debajo del sol.

Antes adelantamos que las conclusiones de Salomón no fueron inspiradas, pero que la Escritura Sagrada que las presenta, sí es inspirada. Y tenemos que entender qué queremos decir por "inspiración", cuando decimos que la Biblia fue inspirada por Dios. La inspiración garantiza la exactitud y las palabras de las Sagradas Escrituras, pero no siempre el pensamiento que se expresa. En este sentido, en todos los casos hay que considerar el contexto, prestando especial atención a la persona que haya pronunciado una declaración, y hay que examinar bajo qué circunstancias esa declaración se ha efectuado. Por ejemplo, en la traición de Cristo por parte de Judas, el relato de ese evento fue inspirado, pero la acción de Judas no fue inspirada por Dios. Lo mismo puede decirse de palabras y acciones de otros personajes mencionados en la Biblia, que cometieron hechos contrarios a la voluntad de Dios. Así, lo que esos personajes dijeron o hicieron quedó relatada con exactitud por los escritores de la Biblia, que fueron guiados en su tarea de escribir el texto por el Espíritu Santo. En nuestro caso concreto de Eclesiastés, las declaraciones hechas por Salomón cuando estaba buscando satisfacción aparte de Dios, no estuvieron siempre de acuerdo con los pensamientos de Dios. En consecuencia, la inspiración garantiza que lo que Salomón dijo ha sido fiel y exactamente registrado en la Biblia.

Después de este bosquejo general, que nos presenta la estructura general del libro y de estas palabras de introducción vamos a comenzar nuestra lectura con el versículo 1, que encabeza un párrafo que presenta

## El problema expuesto

*"Palabras del Predicador, hijo de David, rey en Jerusalén".*

No conocemos a ningún otro personaje de la Biblia que pueda ser identificado con estas palabras con excepción de Salomón. David tuvo otros hijos, pero Salomón fue el único que fue rey en Jerusalén. Él fue el filósofo que tenemos ante nosotros. Y sabemos que él recibió sabiduría. Creemos que la sabiduría que Dios le dio a Salomón fue un poco diferente a la que nosotros imaginamos. Generalmente pensamos que él recibió una percepción espiritual, pero la Biblia no nos informa de que él siquiera la pidiera. Salomón había orado a Dios de la siguiente manera, registrada en primera de Reyes 3:9, que dice lo siguiente: "9Concede, pues, a tu siervo un corazón que entienda para juzgar a tu pueblo y discernir entre lo bueno y lo malo, pues ¿quién podrá gobernar a este pueblo tuyo tan grande?" Aparentemente, Dios le dio lo que él había pedido, es decir, sabiduría para gobernar. Él demostró sabiduría en economía política y probablemente ejerció una buena tarea de gobierno en la nación. Introdujo en el reino una época de paz. Otras naciones del mundo acudieron a su reino para estudiar y ver la sabiduría de Salomón. Él dio un testimonio público de Dios a través del templo, con el altar, donde se ofrecía un sacrificio a favor de los pecadores. Éstas fueran algunas de las cosas que la reina de Saba aprendió cuando vino desde los confines de la tierra. Pero en el área del discernimiento o percepción espiritual, Salomón era probablemente nulo.

Ahora, en este pasaje, encontramos a Salomón, lanzado con sus experimentos "debajo del sol". Y un hombre que vive "debajo del sol" es muy diferente a un hijo de Dios, que ha sido bendecido en las regiones celestiales con toda bendición espiritual en Cristo (Efesios 1:3).

Continuemos leyendo el versículo 2 de este primer capítulo de Eclesiastés:

*"Vanidad de vanidades, dijo el Predicador; vanidad de vanidades, todo es vanidad".*

La vanidad nos habla de una vaciedad. Es desperdiciar una vida, una vida vivida sin ningún propósito o meta. Significa vivir simplemente como vive un animal o un ave. Hay mucha gente que hoy vive de esa manera.

En una ocasión algunos de nosotros hemos coincidido en algún hotel con personas que llevan un elevado nivel de vida debido a sus recursos financieros. Se trata de personas que pueden satisfacer todos sus deseos, vivir en aquella parte del mundo que más les agrade, y dedicarse a las más variadas actividades de ocio. Pero algo que sorprende es comprobar, por sus conversaciones, la falta de satisfacción y descontento que revelan, así como su grado de aburrimiento. Parecen vidas sin propósito, que han perdido la ilusión y la motivación por nuevas experiencias.

En el libro de Proverbios Salomón nos presentó joyas de sabiduría. Y en este libro de Eclesiastés nos ofreció glóbulos, no de sabiduría sino de insensatez. Después, en el Cantar de los Cantares, el tema fue el amor. La sabiduría, la insensatez y el amor fueron entonces sus temas. Es que Salomón era un experto en estos tres temas. Él sabía cómo desempeñar el papel de insensato, era sabio en su forma de gobernar y su vida amorosa fue una historia intensa. Así que Salomón fue el hombre más sabio, pero jamás nadie llegó a comportarse con tanta falta de sensatez como él. Él es el enigma de la revelación. Es la paradoja de las Escrituras. El hombre más sabio fue, también, el más insensato. Y este libro de Eclesiastés nos va a revelar precisamente este aspecto de su personalidad.

Vemos que en el versículo que hemos leído dice: "Vanidad de vanidades, todo es vanidad". Esta afirmación se refiere a la vida sin Dios. Es la vida del hombre que vive "debajo del sol", tratando de obtener algo de la vida misma.

Así les sucede a todos los que buscan esa satisfacción y saciedad donde no la hay. Han intentado de todo para obtenerlas, pero sólo van acumulando amarguras y desilusiones,

Así que en estas consideraciones del libro veremos al ser humano probando, experimentando. Va a exprimir el jugo que se le puede extraer a la vida, de las piedras secas de esta existencia mundana. Y en el versículo 3, dijo el escritor:

*"¿Qué provecho obtiene el hombre de todo el trabajo con que se afana debajo del sol?"*

Ahora, recordemos que esta pregunta se la formula el que vive debajo del sol. Éste es el punto de vista del hombre. Dios no estaba dando aquí Su punto de vista.

Ahora entramos en una nueva sección que hemos titulado

## El experimento es realizado

Este experimento abarca la parte principal del libro, extendiéndose desde el versículo 4 hasta el capítulo 12, versículo 12.

Ahora lo primero que Salomón probó se encontraba en el área de la ciencia y realizó un estudio de las leyes de la naturaleza. Resulta interesante que Salomón haya intentado esta opción. Los hombres aún penetran en los campos del estudio científico y dedican años, en realidad, pasan toda la vida estudiando estas leyes de la naturaleza. Este libro es notable al exponer estas leyes de la naturaleza. Leamos entonces el versículo 4, que comienza a comentar estas leyes de

## La ciencia

*"Generación va y generación viene; pero la tierra siempre permanece".*

Aquí afirma que la tierra siempre es la misma. Tiene una estabilidad que el hombre no tiene, porque el hombre es temporal. El hombre contemporáneo es un poco diferente al hombre del pasado y probablemente será muy diferente del hombre del futuro, pero es un ser temporal. Y la continuidad de la humanidad se mantiene a través de los nacimientos. Es decir, que ni usted ni yo estuvimos aquí hace cien años, ni vamos a estar aquí dentro de cien años. En realidad, es posible que muchos de nosotros no vayamos a estar aquí por mucho más tiempo. Pero, la humanidad continuará por generaciones sucesivas. Salomón declaró: Generación va, generación viene. El ser humano es una criatura transitoria. Y si consideramos esta vida solamente desde el punto de vista de la vida misma, debemos decir que el hombre es el fracaso más grande en el universo de Dios. Ha estado en esta escena solamente por muy pocos años. En algunas partes de esta tierra hay árboles plantados que ya estaban ocupando su lugar cuando Cristo estuvo en esta tierra pero, después de todo, no son nada más que recién llegados, comparados con rocas que han estado aquí por millones de años, quizá billones de años, no sabemos cuánto tiempo. Aunque nadie sabe por cuanto tiempo la tierra ha permanecido en su lugar, ya se encontraba dónde está cuando el hombre llegó aquí, y en este lugar permanecerá después que la mayoría de nosotros se vaya. Ahora, esto agrega una nueva dimensión a la vida, que es un poco desalentadora; el hombre no es lo que piensa ser.

Así es que vemos aquí algunas afirmaciones notables que nos revelan que Salomón realizó un estudio de las leyes de la naturaleza y tuvo un gran conocimiento sobre ellas. Resulta interesante que estas leyes son básicas en nuestra época por lo que se refiere a la ciencia. Observemos algo más leyendo el versículo 5:

*"Sale el sol y se pone el sol, y se apresura a volver al lugar de donde se levanta".*

Con todos los recursos que Salomón tenía a su alcance, encontró que la vida era monótona. Para él había una cierta similitud, cierta uniformidad o falta de variedad en todo lo que observaba. Estas páginas revelan que él trataba de huir de esa monotonía. Y la gente en la actualidad está haciendo de todo para añadir novedad, ilusión, expectativa a este proceso. Las personas están hoy en un constante movimiento de búsqueda de nuevas formas de placer, de satisfacción, intentando apartarse de esa falta de variedad que imponen las leyes naturales. si usted simplemente mira al ser humano tal cual es en el día de hoy, separado de Dios, encuentra que no presenta una imagen muy atractiva. Y eso es lo que este libro de Eclesiastés nos presentará a lo largo de este estudio. Pero frente a este panorama, queremos finalizar hoy con otra realidad, con otra imagen. La de la persona que establece una relación con Dios por medio del Señor Jesucristo y, de esa manera, aunque se encuentre en esta tierra con la ley inexorable de la muerte, pasará a disfrutar de la vida eterna. Y en esa nueva dimensión, los hijos de Dios permanecerán para siempre. Como bien dijo el apóstol Juan en su primera carta capítulo 2 versículo 17: "17Y el mundo pasa, y también sus pasiones, pero el que hace la voluntad de Dios permanece para siempre".

# Eclesiastés 1:5-14

Regresamos hoy al libro de Eclesiastés y vamos a comenzar a observar lo que se nos dice en el versículo 5. Confiamos que usted tenga su Biblia y que pueda seguir la lectura de estos versículos. Ya hemos explicado algo acerca del versículo 5, pero como este versículo está unido a los versículos 6 y 7, los consideraremos en su conjunto. Leamos entonces estos tres versículos juntos; el versículo 5 hasta el versículo 7, del capítulo 1 de Eclesiastés:

*"Sale el sol y se pone el sol, y se apresura a volver al lugar de donde se levanta. El viento sopla hacia el sur, luego gira hacia el norte; y girando sin cesar, de nuevo vuelve el viento a sus giros. Todos los ríos van al mar, pero el mar no se llena. Al lugar de donde los ríos fluyen, allí vuelven a fluir".*

Con todos los recursos que Salomón tenía a su alcance, encontró que la vida era monótona. Para él había una cierta similitud, cierta uniformidad o falta de variedad en todo lo que observaba. Estas páginas revelan que él trataba de huir de esa monotonía. Y la gente en la actualidad está haciendo de todo para añadir novedad, ilusión, expectativa a este proceso. Las personas están hoy en un constante movimiento de búsqueda de nuevas formas de placer, de satisfacción, intentando apartarse de esa falta de variedad que imponen las leyes naturales. si usted simplemente mira al ser humano tal cual es en el día de hoy, separado de Dios, encuentra que no presenta una imagen muy atractiva. Y eso es lo que este libro de Eclesiastés nos presentará a lo largo de este estudio.

Así es que vemos aquí algunas afirmaciones notables que nos revelan que Salomón realizó un estudio de las leyes de la naturaleza y tuvo un gran conocimiento sobre ellas. Resulta interesante que estas leyes son básicas en nuestra época por lo que se refiere a la ciencia.

Permítanos compartir con usted una declaración hecha por el Dr. A. T. Pearson, quien dijo: "Existe cierto peligro en tratar de forzar las palabras en la Biblia hacia una declaración positiva del hecho científico, ante la gran correspondencia de ciertas afirmaciones. Pero es curioso el hecho de que Salomón usara un lenguaje totalmente consistente con los descubrimientos tales como la evaporación y el movimiento de las tormentas. Algunos han osado decir que la teoría de Redfield sobre las tormentas se indica aquí en una forma explícita. Sin adoptar nosotros esta posición, podemos preguntarnos quién le enseñó a Salomón a usar estos términos que fácilmente acomodan los hechos al movimiento de los vientos, que siendo al parecer tan desordenados e inciertos, son gobernados por leyes tan positivas como aquellas que regulan el crecimiento de una planta; y que por medio de la evaporación, las aguas que caen sobre la tierra están elevándose continuamente elevándose, de tal manera que el mar nunca se llena". Y continuó diciendo el Dr. Pearson: "Eclesiastés, capítulo 12, versículo 6 es una descripción poética de la muerte. La cadena de plata describe la médula espinal. El cuenco de oro, es la cavidad donde se encuentra el cerebro; el cántaro, los pulmones, y la rueda, el corazón. Sin pretender que Salomón estuvo inspirado al predecir la circulación de la sangre 26 siglos antes de que lo hiciera Harvey, ¿no es notable que el lenguaje que utilizó se adaptara exactamente a los hechos, al mencionar a una rueda, o una polea bombeando a través de un tubo para descargar a través de otro?"

Tenemos en estos versículos 5 al 7, tres declaraciones muy interesantes.

1. En primer lugar, "Sale el sol y se pone el sol". Existe una monotonía en la naturaleza, pero, también tenemos aquello de lo cual podemos depender. Usted puede depender de que el sol, saldrá, indudablemente; y usted puede contar con que el sol, se pondrá, sin cuestionarlo. Aún

utilizamos esa terminología en el día de hoy, aunque sabemos que el salir y el ponerse está causado por la rotación de la tierra. Estamos apoyados sobre una porción de tierra sólida, y nos parece que el sol se eleva y que también desciende. Estos términos se han acomodado al lenguaje humano en todos los siglos. Lo realmente sorprendente es la forma regular con que el sol aparece y desaparece, obedeciendo a ciertas leyes.

2. En segundo lugar se nos dice: "El viento sopla hacia el sur, luego gira hacia el norte". En el día de hoy sabemos que el viento sigue ciertas normas. Incluso con los artilugios más avanzados, a veces es difícil predecir el estado del tiempo con exactitud. Recordemos que el Señor Jesucristo dijo, en Juan 3:8, "8El viento sopla de donde quiere, y oyes su sonido, pero no sabes de dónde viene ni a dónde va". Durante cierta época del año, se forman huracanes y tornados en diferentes partes del mundo. Y a menudo castigan zonas pobladas. En muchos lugares se producen inundaciones terribles que causan la muerte a millares de personas. Como dijo Salomón, en algunos lugares el viento se dirige hacia el sur y en otros, gira hacia el norte. Al soplar, el viento obedece ciertas leyes. Ahora, ¿cómo lo supo Salomón? Él no disponía de los aparatos que tenemos nosotros en el día de hoy y tampoco los antecedentes sobre los cuales basar sus conclusiones.

3. En tercer lugar, Salomón también dijo: "Todos los ríos van al mar, pero el mar no se llena". Salomón estaba hablando tácitamente acerca de la ley de la evaporación, de la elevación de la humedad hacia el aire. Luego llega el viento, e impulsa la humedad hacia la tierra. Y así, todo el proceso sigue ciertas leyes determinadas y específicas. Nada de lo que suceda queda librado al azar, aunque a veces nos lo parezca.

Así que si añadimos a estas 3 declaraciones, la del versículo 4, y así tenemos cuatro declaraciones notables sobre las leyes de la naturaleza, que tienen sentido, y concuerdan con lo que los seres humanos saben en la actualidad. Comparemos estas afirmaciones del Eclesiastés con otros escritos del año mil antes de Cristo; en ellos usted encontrará muchas conclusiones falsas y supersticiosas, que contrastan con la exactitud que hallamos en la Palabra de Dios.

Y ahora tenemos otra observación destacada. Leamos el versículo 8:

*"Todas las cosas son fatigosas, más de lo que el hombre puede expresar. Nunca se sacia el ojo de ver ni el oído de oír".*

Esto podría no haber parecido cierto en otros tiempos, pero desde la llegada de la televisión es un hecho evidente. Muchísimas personas ven televisión por horas, día tras día. ¿Por qué? Porque los ojos nunca se sacian de ver no los oídos de oír. Además, a muchos les agrada viajar a otros países y conocer a otros pueblos, y ver otros paisajes. Esas experiencias constituyen uno de los placeres de la vida. Estoy seguro que cada uno de nuestros países tiene lugares encantadores, y a los cuales nos gusta visitar una y otra vez.

El ser humano no puede agotar la exploración del universo. Cuanto más aprende, más reafirma su necesidad de aprender. Y ello puede dejar un sentimiento de frustración. El universo físico es demasiado grande para ese pequeño ser humano. Y sin embargo, por lo que sabemos, él es la única criatura de Dios capaz de comprender el universo. A veces escuchamos a un perro ladrando a la luna. No creemos que ese animal se dé cuenta de la distancia que existe entre la tierra y la luna, y tampoco creemos que le preocupe. No creemos que un animal reconozca que está viviendo en un universo tan inmenso. Creemos que el mundo de ese animal es muy pequeño. Pero en el caso del ser humano, sus ojos y sus oídos nunca están satisfechos y siente la imperiosa necesidad de explorar. Entonces Salomón continuó diciendo lo siguiente en los versículos 9 y 10, de este capítulo 1 de Eclesiastés:

*"¿Qué es lo que fue? Lo mismo que será. ¿Qué es lo que ha sido hecho? Lo mismo que se hará, pues nada hay nuevo debajo del sol. ¿Acaso hay algo de que se pueda decir: He aquí esto es nuevo? Ya aconteció en los siglos que nos han precedido".*

Algunas personas piensan que el ser humano ha producido algo nuevo cuando se ha fabricado un nuevo artilugio. Bueno, debemos insistir, como en Eclesiastés, que en realidad no hay nada nuevo debajo del sol. Aunque en nuestra época utilicemos medios mucho más avanzados que en generaciones anteriores, podrá constituir por un tiempo, una novedad, que pronto será reemplazada por otra y así sucesivamente. Y los seres humanos podrán compartir sus sentimientos, sus afectos o evidenciar sus reacciones agresivas en un coche de otra época, tirado por caballos, en un automóvil, en un avión o en una nave espacial. Podrán comunicarse por medios primitivos, por radio, por el correo tradicional, por teléfono, por internet y demás artilugios relacionados con la telefonía e internet. El medio ambiente podrá cambiar y habrá nuevos recursos, nuevos dispositivos, nuevas comodidades, y medios de comunicación altamente perfeccionados. Pero las experiencias humanas básicas del ser humano, producirán los mismos sentimientos, las mismas reacciones y consecuencias. Sus necesidades espirituales, sus frustraciones y su falta de ilusión mientras permanezca apartado de Dios serán siempre las mismas.

Hay algunas personas que dijeron que la bomba atómica fue algo nuevo en su tiempo, pero en realidad, el átomo ha estado en existencia por mucho tiempo. El átomo es más antiguo que el mismo hombre. Aunque el ser humano no supo nada sobre su existencia por mucho tiempo, ya el átomo estaba aquí. Todo lo que el hombre logró hacer fue que el átomo se convirtiera en un vecino muy difícil de soportar. Al comprobar sus efectos destructivos y las pasiones desencadenadas por sucesivos descubrimientos y su aplicación a armas de destrucción masivas, muchos hubieran preferido que el hombre dejara que las fieras dormidas continuaran en estado de reposo y tranquilidad. Pero, otra vez, se evidenció la incansable búsqueda. Y en otras áreas diferentes en el proceso de exploración científica surgieron grandes avances en el campo de la informática y los ordenadores pasaron a ser elementos indispensables en el quehacer humano. Y esos cerebros electrónicos, desde cierto punto de vista, tampoco aportaron nada nuevo, nada que no hubiera sido ya creado. Porque Dios nos creó con cerebros que son avanzadísimos ordenadores, y con sistemas nerviosos más complejos en la transmisión de información que los sistemas eléctricos. Además, el ser humano es consciente de que los dispositivos que el cree haber descubierto y elaborado, no pueden traerle una satisfacción profunda y permanente, algo realmente nuevo, que le traiga una verdadera paz, un sosiego interior.

Pero hay una excepción sobresaliente. Hay sí algo nuevo, llamado en la Biblia el nuevo nacimiento. Es algo que se produce en usted cuando recibe al Señor Jesucristo como Salvador. Y ése, es el único acontecimiento completamente nuevo que puede presentarse en su vida, el nuevo nacimiento espiritual. Escuchemos las conclusiones a las que llegó Salomón. Leamos lo que dice el versículo 11:

*"No queda memoria de lo que precedió, ni tampoco de lo que ha de suceder quedará memoria en los que vengan después".*

En estos versículos hemos visto que Salomón había intentado encontrar satisfacción en el estudio de la ciencia, pero tuvo que llegar a esta conclusión. El hombre trata de todas las maneras posibles, de permanecer ante los ojos y reconocimiento de quienes le rodean. Intenta actuar de manera que se perpetúe lo más posible en el recuerdo de sus semejantes, ocupando un lugar destacado en la sociedad en que vive. Pero no pasa mucho tiempo antes de que desaparezca de la escena, y a los pocos años su recuerdo se vaya borrando hasta ser olvidado.

Es cierto que algunos nombres han permanecido más en la memoria colectiva por las obras que dejaron o por su influencia en acontecimientos decisivos de la historia. Pero al final, han ido siendo cada vez menos citados y reemplazados por la aparición de otros personajes cuyos nombres, a su vez, irán esfumándose en el desinterés y el olvido. En este sentido creemos poder afirmar que la memoria humana es cada vez más corta, debido a la gran velocidad en que hoy se suceden nombres y eventos, hasta el punto en que muchas veces tenemos la sensación de que el tiempo trascurriera más rápidamente. Las Sagradas Escrituras dicen que pasamos nuestro tiempo aquí en la tierra como un cuento o una historia que se relata, y que no se repite, de manera que podamos volver a pasar por ella para evaluar y corregir nuestros aciertos y errores.

Así que vemos en estas páginas que Salomón estaba realizando experimentos de gran importancia, llevándolos a cabo en el laboratorio de la vida. Él estaba probando todos los recursos y experiencias que se encontraban a su disposición, que eran inmensos y llegaban hasta el mismo límite de las posibilidades humanas. En su tiempo y teniendo en cuenta la elevada posición que ocupaba como rey de una nación en expansión, pudo elegir cualquier área de conocimiento o experiencia humana. En la actualidad, no hay muchas personas que puedan tener acceso a los medios de que Salomón disponía, ni capaces de hacer todas las cosas que él hizo. Como hemos visto, se dedicó al estudio de las leyes de la naturaleza, pero no encontró nada que pudiera aprender en la naturaleza o en la ciencia, que fuera nuevo en el sentido de que le trajera una vida nueva.

En los versículos 12 al 18 veremos que Salomón busca la satisfacción en un área nueva. Leamos entonces los versículos 12 y 13, que nos muestran que el rey iba a experimentar en el campo de

## La sabiduría y la filosofía

*"Yo, el Predicador, fui rey sobre Israel en Jerusalén. Me entregué de corazón a inquirir y a buscar con sabiduría sobre todo lo que se hace debajo del cielo; este penoso trabajo dio Dios a los hijos de los hombres para que se ocupen en él".*

Salomón pasó mucho tiempo estudiando la filosofía del mundo. Él vivió alrededor de mil años antes de Cristo y, considerando que nosotros vivimos unos dos mil años a partir de Cristo, quiere decir que han transcurrido tres mil años entre aquel rey y nosotros. En ese período, podemos imaginar la gran cantidad de elementos o dispositivos que el ser humano ha producido en todos los órdenes. Pero, en realidad, no sabe más de filosofía y sabiduría de lo que sabía hace tres mil años. Continuemos leyendo el versículo 14 de este primer capítulo de Eclesiastés.

*"Miré todas las obras que se hacen debajo del sol, y vi que todo ello es vanidad y aflicción de espíritu".*

Todos los sistemas de filosofía conducen a un callejón sin salida. Usted puede hacer un experimento similar por sí mismo. Puede dedicar su tiempo a estudiar estos temas y seguramente llegará a la misma conclusión a la que llegó Salomón.

Estamos viviendo en tiempos en los que los educadores a veces piensan que los métodos didácticos pasados constituían una pérdida de tiempo. Teniendo en cuenta los resultados, nos formulamos muchas preguntas acerca de utilidad de los métodos actuales, que dejan fuera a Dios de la escena. El ser humano no puede realmente llegar a conocer un hecho verdaderamente importante: Él no puede conocer a Dios por medio de la sabiduría y la filosofía. Su conocimiento de Dios sólo le puede llegar por medio de la revelación divina. La filosofía generalmente lleva a las personas a tener un punto de vista pesimista de la vida.

No se puede tomar al ser humano normal, que es un pecador alejado de Dios, y proporcionarle una educación del tipo que sea, esperando que esa educación resuelva los problemas de su vida, porque no lo hará. La sabiduría humana no puede cambiar la naturaleza humana, ni puede corregir a esa vieja naturaleza caída.

Sólo el poder de Dios y la regeneración realizada por el Espíritu Santo pueden comenzar una obra de control y transformación de esa naturaleza fácilmente dominada por las pasiones humanas y el pecado. Por ello, hablando de su propia experiencia personal y de las innumerables personas que conoció, el apóstol San Pablo pudo decir en su segunda carta a los Corintios capítulo 5 y versículo 17: "17De modo que si alguno está en Cristo, nueva criatura es; las cosas viejas pasaron; todas son hechas nuevas".

# Eclesiastés 1:15 - 2:10

Regresamos, al capítulo 1 de este libro de Eclesiastés y vamos a comenzar nuestro estudio con el versículo 15. Aquí encontramos a Salomón realizando un experimento fantástico, que él estaba haciendo en el laboratorio de la vida. Él está probando todo lo que estaba al alcance del hombre, buscando la satisfacción y la felicidad. En su día él fue capaz de ir y probar en cualquier campo de acción y del conocimiento que él quisiera. Hoy, no hay muchos hombres que podrían hacer lo que en sus días hizo Salomón. En primer lugar, Salomón trató de entregarse a sí mismo al estudio de las leyes de la naturaleza, pero descubrió que aun allí no había nada de provecho que él pudiera aprender. Lo mismo le sucedió con la ciencia, en la cual no pudo encontrar nada que pudiera ser nuevo, en el sentido de que pudiera darle una nueva vida.

Pero hay una excepción sobresaliente. Sí hay algo nuevo, llamado en la Biblia el nuevo nacimiento. Es algo que se produce en usted cuando recibe al Señor Jesucristo como Salvador. Y ése, es el único acontecimiento completamente nuevo que puede presentarse en su vida, el nuevo nacimiento espiritual.

En el versículo 15, vimos que Salomón probó la filosofía. Todos los sistemas de filosofía conducen a un callejón sin salida. Usted puede hacer un experimento similar por sí mismo. Puede dedicar su tiempo a estudiar estos temas y seguramente llegará a la misma conclusión a la que llegó Salomón.

El ser humano no puede conocer a Dios por medio de la sabiduría y la filosofía. Su conocimiento de Dios sólo le puede llegar por medio de la revelación divina. La filosofía generalmente lleva a las personas a tener un punto de vista pesimista de la vida. Leamos entonces, este versículo 15:

*"Lo torcido no se puede enderezar, y con lo incompleto no puede contarse".*

La primera frase que encontramos es "Lo torcido no se puede enderezar". Usted y yo comenzamos a vivir la vida con una vieja naturaleza, el hombre no tiene ninguna forma de enderezar la naturaleza humana. Existe un antiguo dicho que dice: "Árbol que crece torcido, nunca su tronco endereza". Así es como crecerá. Estará siempre torcido porque así fue como comenzó. Podemos educar y hacer muchas cosas para mejorar pero, como el Señor Jesús dijo en Juan 3:6, "lo que es nacido de la carne, carne es, y lo que es nacido del Espíritu, espíritu es". Siempre será carne, y ésa es la razón por la cual el hombre necesita tener una nueva naturaleza, porque, dijo el Señor también que: "Aquello que es nacido del espíritu, espíritu es". Ése es uno de los grandes principios de la existencia.

Por un tiempo hemos pensado que la educación resolvería los problemas de la vida. La educación superior, en realidad toda la educación, ha estado siendo examinada por un gran número de pensadores. Hay otros que han tratado de lograr cierto tipo de solución. Las comisiones que en algunos países han examinado la educación superior han llegado a la novedosa explicación de que los problemas de disciplina y el bajo nivel moral de muchas escuelas se debe a que los jóvenes en el día de hoy están investigando más a fondo las cosas y están más interesados en la política y en lo que está ocurriendo en su mundo. Bueno, diremos que eso es cierto, que existe un creciente interés en esos asuntos porque podemos apreciar las cosas terribles que están ocurriendo en el mundo. Medios de difusión como la radio y la televisión reúnen una gran cantidad de información de todos los países y la transmiten en el acto. Esto nos facilita el ser conscientes, más que nunca antes, de lo que está ocurriendo en el mundo. Otro ejemplo de eficacia informativa y de la técnica informática en general, es la rapidez con que se conocen los resultados electorales en una elección. En otros tiempos había que esperar varios días hasta conocer el resultado de unas elecciones generales. Y ¿qué diremos de las encuestas, que permitan avanzar pronósticos bastante cercanos a la realidad sobre quién será el ganador e incluso, el margen de ventaja sobre los adversarios? Ahora, creemos que es cierto que la gente está hoy muy bien informada y es consciente del estado actual de la política nacional e internacional, así como de los conflictos armados, el auge del terrorismo, las grandes guerras, el drama de la inmigración, las tensiones comerciales y los más graves problemas que afronta la sociedad. Pero no estamos de acuerdo con las implicaciones de que los disturbios y conflictos en los centros de enseñanza es una muestra de progreso porque la gente esté mejor informada y más consciente de los problemas que hemos mencionado. Hay un deterioro en los citados centros educativos, que nos recuerda lo que dijo el profeta en el sentido que las cosas malas iban a ser llamadas buenas, y las cosas buenas iban a ser consideradas malas. ¿Cómo se puede calificar como progreso a situaciones de evidente ruptura de la disciplina y empeoramiento del rendimiento escolar? Tenemos que ser realistas y definir la situación como es en la realidad y no como nos gustaría que fuera. Tenemos que reconocer que la educación no puede resolver los problemas básicos de la vida. Y muchas de las ciencias que estudian especialmente el comportamiento humano no pueden proporcionar una respuesta, una solución. Esas ciencias ocupan su lugar respetable siempre y cuando tengan en cuenta el lugar de Dios y la trascendencia del ser humano. Porque la Palabra de Dios en su totalidad contiene, para los cristianos, la respuesta a los problemas fundamentales de la vida. Por supuesto, que no hay soluciones fáciles. El estudio y aplicación de las verdades de la Biblia requiere de los creyentes mucho tiempo, disciplina y esfuerzo. Y eso es lo que hace falta en el presente a muchos cristianos.

Salomón descubrió entonces, que la filosofía y la sabiduría no proporcionaban una respuesta a los problemas más trascendentales de la vida.

Escuchemos ahora lo que el escritor dijo en el versículo 16, de este primer capítulo de Eclesiastés:

*"Hablé yo en mi corazón, diciendo: He aquí, yo me he engrandecido, y he crecido en sabiduría más que todos mis predecesores en Jerusalén, y mi corazón ha percibido mucha sabiduría y ciencia".*

Podemos decir que Salomón, debido a que tenía un nivel de sabiduría mayor que los demás reyes, había llegado a tener una cierta arrogancia y vanidad. El apóstol Pablo escribió en primera de Corintios 8:1, que "El mucho conocimiento envanece". Si un individuo llega a creerse más inteligente y sabio que otros, o que ha sido mejor educado que los demás, ese pensamiento puede inflarle como a un globo. Pero, recordemos que la educación está basada en la experiencia, y la experiencia es un hecho en el cual uno no puede confiar. La experiencia debe ser puesta a prueba frente a la Palabra de Dios. Desgraciadamente, muchas personas hoy están haciendo lo contrario, es decir, poniendo a prueba la Palabra de Dios frente a sus experiencias. si su experiencia es contraria a la Palabra de Dios, entonces será solo su experiencia personal, y no una experiencia avalada por la Palabra de Dios. Entonces, su experiencia será errónea. Y continuó diciendo el escritor en el versículo 17:

*"De corazón me dediqué a conocer la sabiduría, y también a entender las locuras y los desvaríos. Y supe que aun esto era aflicción de espíritu".*

Otra versión traduce la última parte de este versículo de la siguiente manera: "Me di cuenta de que esto también es correr tras el viento". Aquí tenemos la frase "y también a entender las locuras y los desvaríos". Resulta interesante ver que en el texto de este pasaje, la sabiduría y los desvaríos de la insensatez no están lejos la una de los otros. Muchos hombres inteligentes en la historia del mundo han sido insensatos. Y Salomón fue un notable ejemplo de ello.

Nosotros pensamos que hemos producido una generación que cree ser muy inteligente. Sin embargo, no podemos ni siquiera resolver los problemas que nos rodean, y mucho menos, los problemas de este mundo. Salomón se dedicó de corazón a conocer la sabiduría, así como también la locura y la insensatez. Probó ambas cosas.

Y el versículo 17 termina con la frase "y supe que aun esto era aflicción de espíritu". En otras palabras, el esfuerzo no merecía la pena. Leamos ahora el versículo final de este primer capítulo de Eclesiastés, el versículo 18:

> *"Pues en la mucha sabiduría hay mucho sufrimiento; y quien añade ciencia, añade dolor".*

la alegría y la satisfacción no aumentan en proporción al incremento del conocimiento.

"Pues en la mucha sabiduría hay mucho sufrimiento" dijo aquí Salomón. Mientras más sabemos, más aumentamos nuestros problemas. La vida actual se ha convertido en algo tedioso, ha producido más tensiones, y todos los artilugios científicos que nos rodean, por la presión que nos producen al obligarnos a vivir bajo la presión de una gran velocidad, hacen a veces que la vida resulte casi insoportable. Cierto hombre, un creyente, dijo en una ocasión: "Pienso que voy a volverme loco si no me alejo de estos ordenadores que están hoy controlando la vida". Por una parte valoramos tanto a estas máquinas como instrumentos de trabajo y entretenimiento, que nos atraen como si fueran objetos de adoración, por otra parte nos están intoxicando y conduciéndonos a una especie de locura, a situaciones de tensión que nos superan. ¡Qué exacta fue la observación de Salomón cuando dijo: "En la mucha sabiduría hay mucho sufrimiento"! Y tengamos en cuenta que Salomón no conoció la era de la revolución industrial ni la de los avances tecnológicos. Pero, evidentemente, sabía de qué estaba hablando.

## Capítulo 2

Llegamos ahora al capítulo 2 de Eclesiastés, y aquí vemos a Salomón siguiendo otra dirección para poder encontrar la satisfacción en la vida. Y ése es el mismo camino que muchas personas están recorriendo en la actualidad, buscando satisfacción y placer. Él nos describió esta nueva búsqueda en los primeros once versículos del capítulo 2. Leamos entonces el versículo 1 del segundo capítulo, que nos inicia en la búsqueda de

## El placer

Dije yo en mi corazón: Vamos ahora, te probaré con el placer: gozarás de lo bueno. Pero he aquí, esto también era vanidad.

Creemos que Salomón probó todo lo conocido en lo relacionado al placer. Nuestra generación está orientada hacia el sexo. Y ¿qué evidencias hay de ello? Dependiendo del contexto, hay un bajo nivel moral y en vastas zonas de la tierra, hay enfermedades venéreas en proporciones epidémicas. Debemos decir que Salomón era un experto en esta materia. Él tuvo mil esposas. Fíjese usted. Ahora, no creemos que todas ellas eran sus esposas, ya que muchas eran lo que consideramos "concubinas". Pero todas ellas estaban a su disposición. Y un hombre que tuviera tantas esposas o tantas mujeres a su disposición tenía que convertirse por obligación en un experto. Y Salomón probó este camino para obtener satisfacción. También se inclinó hacia la bebida y otras formas de entretenimiento. Quizá podría superar a muchos de los que conocemos en el presente y que se dedican a estos negocios. Debemos decir que una de las cosas que este hombre probó fue el placer. Y su conclusión fue "esto también era vanidad". En el versículo 1 de este capítulo 2, dijo:

*"A la risa dije: Enloqueces; y al placer: ¿De qué sirve esto?"*

El rey probablemente tenía un humorista o un bufón de la corte para entretenerle y contarle los últimos chistes, y suponemos que muchos de ellos eran de dudoso gusto. Salomón dijo: "Descubrí que esto era una gran pérdida de tiempo". Y en el versículo 3, dijo:

*"Decidí en mi corazón agasajar mi carne con vino y, sin renunciar mi corazón a la sabiduría, entregarme a la necedad, hasta ver cuál es el bien en el que los hijos de los hombres se ocupan debajo del cielo todos los días de su vida".*

Al leer la frase debajo del cielo recordamos que Salomón era un hombre probando y haciendo experimentos aparte de Dios. Y él dijo en el versículo 4:

*"Acometí grandes obras, me edifiqué casas, planté viñas para mí"*

Todos éstos eran pasatiempos para Salomón. Uno puede ir a Jerusalén hoy y a otros lugares, y puede contemplar las ruinas de los establos que el rey tenía. En la misma ciudad de Jerusalén, existen ciertas ruinas, y, también en Megido, uno puede contemplar los lugares donde parece que comían los caballos reales. Salomón tenía establos por todas partes en su país y esto era algo que se le había prohibido. Es decir que la ley de Moisés prohibía expresamente a los reyes multiplicar el número de sus caballos. Luego, él dijo en los versículos 5 y 6:

*"Me hice huertos y jardines, y planté en ellos toda clase de árboles frutales. Me hice estanques de aguas, para regar de ellos el bosque donde crecían los árboles".*

Él tenía un sistema de irrigación, como usted puede ver. Y continuó diciendo en el versículo 7:

*"Compré siervos y siervas, y tuve siervos nacidos en casa. Tuve muchas más vacas y ovejas que cuantos fueron antes de mí en Jerusalén".*

Él tenía lo que consideramos, una estancia o un rancho en las afueras de la ciudad donde podía criar todos estos animales. Ahora, alguien nos preguntará: "¿Cómo podía permitirse esos lujos? o, ¿de dónde sacaba todo el dinero para eso?" Bueno, Salomón acaparaba la mayor parte del oro de su día. Él tenía mucho dinero para gastar, quería divertirse y edificar todas las cosas que le proveyeran comodidad en su vida.

Se conoce en la actualidad que sus siervos iban a buscar nieve al monte Hermón para que él pudiera tener bebidas frías durante el verano. Y, pensamos que Salomón había probado todo lo que el hombre podía hacer para lograr tener placer. Dudamos de que el hombre contemporáneo pueda tener algo que Salomón no tuvo, o una experiencia que aquel rey no hubiera ya disfrutado. Sin embargo, con todos los medios que tuvo a su disposición, no logró los resultados buscados. Escuchemos lo que dice el versículo 8, de este capítulo 2 de Eclesiastés:

*"Amontoné también plata y oro, y preciados tesoros dignos de reyes y de provincias. Me hice de cantores y cantoras, y de toda clase de instrumentos musicales, y gocé de los placeres de los hijos de los hombres".*

O sea que, él tenía a su disposición los mejores actores, actrices y músicos de la época, que trajeron toda clase de instrumentos musicales. Con semejante despliegue de medios, debió organizar veladas artísticas de un elevado nivel musical. Donde los intérpretes habrán ejecutado con sus coros y orquestas las mejores obras de aquel tiempo. Sin embargo, estas experiencias no trajeron satisfacción a su corazón. Y en los versículos 9 y 10, dijo:

*"Fui engrandecido y prosperé más que todos cuantos fueron antes de mí en Jerusalén. Además de esto, conservé conmigo mi sabiduría. No negué a mis ojos ninguna cosa que desearan, ni privé a mi corazón de placer alguno, porque mi corazón se gozaba de todo lo que hacía. Esta fue la recompensa de todas mis fatigas".*

Quizá usted ha salido alguna vez a caminar y ver los escaparates de los establecimientos comerciales de su ciudad. ¿Ha pensado usted alguna vez, en cómo se sentiría su pudiera comprar todo lo que viera? Salomón pudo satisfacer esos gustos. Cualquier cosa que deseaba su corazón, lo compraba, lo obtenía. Y cuando él observaba todo lo que había en este mundo, era consciente de que no había nada que se le pudiera negar.

Uno podría lógicamente pensar en que todos los seres humanos que se encuentren en esa posición serían felices. Bueno, no sabemos por qué, pero la verdad es que no son felices. Si consideramos, por ejemplo el creciente número de suicidios, una primera reacción nos llevaría a pensar que los que cometen tales actos son las personas que frecuentan ciertas calles, en las que se refugian los indigentes y vagabundos. Porque para muchos de ellos parece que la vida no merece la pena ser vivida. Pero en realidad, entre esa capa de la población no hay un alto índice de suicidios. La más alta proporción de suicidios se encuentra en el sector social que reúne a las personas con mayores recursos económicos, a los personajes más famosos y a actores de cine y televisión. ¿Y por qué? Porque ellos han llegado a la misma conclusión que llegó Salomón, y desconocen la hermosa experiencia de los cristianos que, al tener una relación con Dios, pueden dirigirse a él con confianza, para manifestarle sus necesidades, sus carencias, sus ilusiones, haciendo suyas las siguientes palabras del Salmista David, padre de Salomón, en el Salmo 37:4, "Deléitate en el Señor, y Él te concederá las peticiones de tu corazón".

# Eclesiastés 2:11-26

Volvemos al capítulo dos de este libro de Eclesiastés que estamos estudiando. Este capítulo nos relató en los versículos 1 al 11, su búsqueda del placer, como medio para encontrar la satisfacción y la felicidad.

Hemos visto una descripción de los pasatiempos de Salomón. Lo que llamaríamos su vida de ocio y tiempo libre. Uno puede ir a Jerusalén hoy y a otros lugares, y puede contemplar las ruinas de los establos que el rey tenía. En la misma ciudad de Jerusalén, existen ciertas ruinas, y, también en Megido, uno puede contemplar los lugares donde parece que comían los caballos reales. Salomón tenía establos por todas partes en su país y esto era algo que se le había prohibido. Es decir que la ley de Moisés prohibía expresamente a los reyes multiplicar el número de sus caballos.

Él tenía además un sistema de irrigación para sus jardines Él tenía lo que consideramos, una estancia o un rancho en las afueras de la ciudad donde podía criar todos estos animales. Ahora, alguien nos preguntará: "¿Cómo podía permitirse esos lujos? o, ¿de dónde sacaba todo el dinero para eso?" Bueno, Salomón acaparaba la mayor parte del oro de su día. Él tenía mucho dinero para gastar, quería divertirse y edificar todas las cosas que le proveyeran comodidad en su vida.

Se conoce en la actualidad que sus siervos iban a buscar nieve al monte Hermón para que él pudiera tener bebidas frías durante el verano. Y, pensamos que Salomón había probó todo lo que el hombre podía hacer para lograr tener placer. Dudamos de que el hombre contemporáneo pueda tener algo que Salomón no tuvo, o una experiencia que aquel rey no hubiera ya disfrutado. Sin embargo, con todos los medios que tuvo a su disposición, no logró los resultados deseados.

También hemos visto que él tenía a su disposición los mejores actores, actrices y músicos de la época, que trajeron toda clase de instrumentos musicales. Con semejante despliegue de medios, debió organizar veladas artísticas de un elevado nivel musical. Donde los intérpretes habrán ejecutado con sus coros y orquestas las mejores obras de aquel tiempo. Y teniendo en cuenta la riqueza disponible para hacer frente a los gastos de semejantes representaciones culturales, éstas debieron ser verdaderos espectáculos y experiencias placenteras para el oído y para la vista. Sin embargo, estas experiencias no trajeron satisfacción a su corazón.

Para recordar un poco las experiencias que había vivido el rey Salomón en la grandeza y el esplendor de su reino, vamos a leer nuevamente los versículos 9 y 10 de este capítulo segundo de Eclesiastés. De esa manera retomaremos el hilo de nuestra lectura:

*"Fui engrandecido y prosperé más que todos cuantos fueron antes de mí en Jerusalén. Además de esto, conservé conmigo mi sabiduría. No negué a mis ojos ninguna cosa que desearan, ni privé a mi corazón de placer alguno, porque mi corazón se gozaba de todo lo que hacía. Esta fue la recompensa de todas mis fatigas".*

Quizá usted ha salido alguna vez a caminar y ver los escaparates de los establecimientos comerciales de su ciudad. ¿Ha pensado usted alguna vez, en cómo se sentiría su pudiera comprar todo lo que viera? Salomón pudo satisfacer esos gustos. Cualquier cosa que deseaba su corazón, lo compraba, lo obtenía. Y cuando él observaba todo lo que había en este mundo, era consciente de que no había nada que se le pudiera negar.

Uno podría lógicamente pensar en que todos los seres humanos que se encuentren en esa posición serían felices. Bueno, no sabemos por qué, pero la verdad es que no son felices. Si consideramos, por ejemplo el creciente número de suicidios, una primera reacción nos llevaría a pensar que los que cometen tales actos son las personas que frecuentan ciertas calles, en las que se refugian los indigentes y vagabundos, personas que carecen de los medios elementales para la vida y no ven ninguna salida, ninguna solución a su situación. Porque para muchos de ellos parece que la vida no merece la pena ser vivida. Pero en realidad, entre esa capa de la población no hay un alto índice de suicidios. La más alta proporción de suicidios se encuentra en el sector social que reúne a las personas con mayores recursos económicos, a los personajes más famosos y a actores de cine y televisión. Se trata de personas que no se encuentran acosadas por la necesidad de sobrevivir porque les sobran los bienes materiales, las posibilidades de encontrar placer, y las amistades. ¿Y por qué entonces llegan a tomar la decisión más trágica e irreversible que hay en esta vida? ¿Por qué se sienten impulsados a huir de este mundo tomando la decisión de suicidarse? Porque ellos han llegado a la misma conclusión que llegó Salomón, y desconocen la hermosa experiencia de los cristianos que, al tener una relación con Dios, pueden dirigirse a él con confianza, para manifestarle sus necesidades, sus carencias, sus ilusiones, haciendo suyas las siguientes palabras del Salmista David, padre de Salomón, en el Salmo 37:4, "Deléitate en el Señor, y Él te concederá las peticiones de tu corazón".

Vamos a comenzar pues, con la lectura del pasaje asignado para el día de hoy. Leamos el versículo 11 de Eclesiastés 2:

> *"Miré luego todas las obras de mis manos y el trabajo que me tomé para hacerlas; y he aquí, todo es vanidad y aflicción de espíritu, y sin provecho debajo del sol".*

¡Qué conclusión para un hombre que lo tenía todo! Muchísimas personas no tomarían en serio la palabra de Salomón. Tendrían que hacer los mismos experimentos, aunque no con la amplitud con que

Salomón los hizo. Finalmente, llegarían a la misma conclusión y dirían: "La vida está vacía". Por su parte, Salomón dijo: "Todo es vanidad y aflicción de espíritu, y sin provecho debajo del sol". ¡Qué frustrante debe ser mirar atrás y recordar los esfuerzos realizados, la dedicación total a una tarea, el tiempo invertido y los gastos realizados, y todo ello para llegar a la conclusión de que se ha malgastado el tiempo, se ha malogrado la mayor parte de la vida!

Como veremos en el resto de este capítulo, a partir del versículo 12, Salomón se dirigió hacia otra área, que podríamos llamar

## El materialismo

Nosotros diríamos que éste es el vivir por el "ahora", lo cual debería ser entendido por la gente en la actualidad, porque decimos que somos "la generación del ahora". Es un concepto materialista. Se trata de vivir para el aquí y el ahora, viviendo para uno mismo, lo cual es el egoísmo. Cada una de estas palabras describe una faceta de este tipo de vida. Leamos ahora el versículo 12 de este segundo capítulo de Eclesiastés:

*"Después volví a considerar la sabiduría, los desvaríos y la necedad; pues ¿qué podrá hacer el hombre que venga después de este rey? Nada, sino lo que ya ha sido hecho".*

En otras palabras, nadie podría darse la gran vida que Salomón vivió. Él mismo dijo que tendrían que repetir lo que él había hecho, y que lo encontrarían muy monótono. Y continuó diciendo en el versículo 13:

*"He visto que la sabiduría aventaja a la necedad, como la luz a las tinieblas".*

Evidentemente, es mejor ser un sabio que un insensato. Y es mejor ser una persona educada que una ignorante. Dice el versículo 14:

*"El sabio tiene sus ojos abiertos, mas el necio anda en tinieblas. Pero también comprendí que lo mismo ha de acontecerle al uno como al otro".*

Uno puede recordar la época cuando asistía al colegio y sus maestros le decían: "Piense, use su cabeza, use sus ojos". Y eso es lo que Salomón estaba diciendo aquí: "El sabio tiene sus ojos abiertos, pero el necio anda en tinieblas".

Y continuó diciendo: "Pero también comprendí que lo mismo ha de acontecerle al uno como al otro". Indiferentemente de cuan inteligente sea usted, usted no se alejará demasiado del insensato, porque ambos serán sacados de su casa con los pies por delante para ser sepultados de la misma manera. Y el versículo 15, nos dice:

*"Entonces dije en mi corazón: Como sucederá al necio, me sucederá a mí. ¿Para qué, pues, me he esforzado hasta ahora por hacerme más sabio? Y dije en mi corazón que también esto era vanidad".*

Uno pensaría que una persona inteligente podría hallar una solución diferente a la que llegó Salomón "Y dije en mi corazón que también esto era vanidad". Resulta interesante que el hombre contemporáneo, a pesar de los grandes inventos y avances científicos que han tenido lugar en el área de la medicina, no ha sido capaz de extender la vida humana por mucho tiempo aunque el promedio de vida ha aumentado en unos diez años más. Pero coloque usted esos diez años junto a mil años, o colóquelos junto a la eternidad, ¿qué tiene entonces? No tiene ni siquiera un segundo en el reloj de la eternidad. La realidad es que el ser humano no ha hecho mucho por sí mismo aquí en esta tierra. Ahora veamos lo que dice el versículo 16:

*"Porque ni del sabio ni del necio habrá memoria para siempre; pues en los días venideros todo será olvidado, y lo mismo morirá el sabio que el necio".*

Como usted acaba de ver, mueren de la misma manera. Usted puede ser inteligente de nacimiento, con un alto coeficiente intelectual. Usted puede haber recibido una educación, incluso tener títulos universitarios, pero nada de ello le ayudará cuando llegue el momento de morir. Tampoco evitará su muerte. Cuando llegue la hora de morir, usted pasará directamente por esa puerta, saldrá de la vida y no habrá nada en este mundo que le libere de esa experiencia. Continuemos leyendo el versículo 17 de este segundo capítulo de Eclesiastés:

*"Por tanto, aborrecí la vida, pues la obra que se hace debajo del sol me era fastidiosa, por cuanto todo es vanidad y aflicción de espíritu".*

Repitamos que la vanidad significa vaciedad, se refiere a algo que está vacío, sin significado, sin propósito. ¿Qué se ha hecho con toda esa obra que se hace debajo del sol?

Podemos tomar como ejemplo a ese gran inventor que fue Tomás Edison. Él trabajó en un laboratorio, y desarrolló muchos proyectos tales como la bombilla eléctrica y el tocadiscos. Todos los instrumentos de grabación que tenemos en la actualidad se basan en los trabajos de Edison. Él era un genio, pero murió, igual que todos los demás. Y después de todo, toda esa brillante trayectoria, ¿de qué le sirvió?, ¿qué provecho le trajo?

Su laboratorio se conserva en Fort Myers, en el estado de Florida, en los Estados Unidos. Si usted va allí alguna vez, merece la pena visitar su casa y su laboratorio. En ese laboratorio trabajó día y noche. Sufría de uno de los mejores tipos de insomnio, así que tenía una cama pequeña en el laboratorio donde pudiera recostarse por unos momentos de vez en cuando. Trabajaba día y noche, realizando muchos experimentos que nunca dieron ningún resultado. No creemos que la vida fuera emocionante para él. Más bien nos parece que Tomas Edison la encontró muy aburrida.

Y escuchemos lo que Salomón dijo aquí en el versículo 18, de este segundo capítulo de Eclesiastés:

*"Asimismo aborrecí todo el trabajo que había hecho debajo del sol, y que habré de dejar a otro que vendrá después de mí".*

Tendremos que partir algún día y dejar todo aquí en la tierra. ¿Se ha detenido usted, a pensar en ello? ¿De qué le habrá servido el haber trabajado sin descanso? Muchísimas personas han trabajado duramente toda su vida para acumular algo de los bienes de este mundo, y después tienen que partir de este mundo y dejárselo a algún pariente que ni siquiera cree en Dios. Hay muchas personas que han dejado sus bienes a alguna organización cristiana para que ella use su dinero para difundir el Evangelio después de que ellas hayan partido. Pero muchas organizaciones se han apartado de la fe cristiana con el transcurso de los años, alejándose de la enseñanza y difusión de la Palabra de Dios.

Por ejemplo, El Sr. Harvard quien fundó la Universidad que lleva su nombre, la Universidad de Harvard en los Estados Unidos, era un fiel cristiano, que creía en la integridad e inspiración de la Biblia, y que al morir dejó su dinero para propagar la fe cristiana. Hoy en día usted no encuentra esa fe reflejada en el programa de estudios de Harvard, porque sus profesores se han apartado de la fe. Así que el dinero que el sr. Harvard dejó ha llegado a ser usado de la manera opuesta a la que él creía, y para lo que estaba destinado.

Salomón tuvo que enfrentarse con el mismo tipo de problema, y primera de Reyes 12 nos relata lo que sucedió. Él le dejó el reino a su hijo, y fue la insensata arrogancia de su hijo, la que dividió al reino de Israel entre el reino del norte (o de Israel) y el reino del sur (o de Judá). Aquello división constituyó una tragedia irreversible en la historia de la nación. Notemos ahora, lo que el escritor dijo en el versículo 19, de este capítulo 2 de Eclesiastés:

*"Y ¿quién sabe si será sabio o necio el que se adueñe de todo el trabajo en que me afané y en el que ocupé mi sabiduría debajo del sol? Esto también es vanidad".*

Salomón no sabía qué clase de hombre se iba a hacer cargo del fruto de todo el trabajo lo que él había realizado. Y consideró una pérdida de tiempo trabajar por algo y luego entregárselo a una persona insensata. Imaginemos el tremendo sentido de frustración que debió sentir al llegar a esta conclusión. Veamos sus sentimientos reflejados en las palabras que escribió a continuación. Leamos el versículo 20:

*"Volvió entonces a desilusionarse mi corazón de todo el trabajo en que me afané, y en el que había ocupado debajo del sol mi sabiduría".*

Tomemos nota de la expresión debajo del sol. Es una forma de indicar el punto de vista de un ser humano que vive alejado de Dios. Ésta no es la persona a quien Cristo, desde un punto de vista espiritual, sentó en las regiones celestiales, como declaró el apóstol Pablo en Efesios 2:6. Esa persona cristiana, contempla la tierra desde el punto de vista de Dios, desde la perspectiva de los ciudadanos del cielo que caminan de manera transitoria por esta tierra. Pero esta otra perspectiva que se define como debajo del sol conduce al pesimismo, al desaliento. Es como permanecer en un callejón sin salida, por un camino que no conduce a ninguna parte. Continuemos leyendo el versículo 23:

*"Porque todos sus días no son sino dolores, y sus trabajos molestias, pues ni aun de noche su corazón reposa. Esto también es vanidad".*

"Esto también es vanidad" es la frase que concluye este versículo. Y Salomón descubrió algo más. Que no merecía la pena preocuparse acerca de este asunto, porque no había nada que él pudiera hacer para cambiar esas situaciones. El hombre no lo podía hacer en aquel entonces y pensamos que tampoco puede hacerlo hoy. Luego, en los versículos finales, los versículos 24 al 26, de este capítulo segundo de Eclesiastés, dijo Salomón:

*"No hay cosa mejor para el hombre que comer y beber, y alegrarse del fruto de su trabajo. He visto que esto también procede de la mano de Dios.*

*Porque, ¿quién comerá y quién se alegrará sino uno mismo? Porque al hombre que le agrada, Dios le da sabiduría, ciencia y alegría; pero al pecador le da el trabajo de recoger y amontonar, para dejárselo al que agrada a Dios. También esto es vanidad y aflicción de espíritu".*

Si usted está viviendo solamente para usted mismo, aun si es un hombre que sirve a Dios, o si usted es un pecador no regenerado viviendo para sí mismo, no hay una meta, no hay un propósito para su vida, no hay ningún fruto en su paso por este mundo, entonces su vida se apagará no quedando nada de ella, ni aquí en esta tierra, ni en la eternidad. Al encontrarse en esa condición, su corazón acabará lleno de amargura, y llegará al final de su vida con nada de valor.

Pero, después de esta situación que no ofrece ninguna esperanza, hay otra opción que le invitamos a considerar: Reconocer que somos pecadores y que necesitamos apropiarnos por la fe de la obra de Cristo en la cruz, recibiendo la salvación que Él nos ofrece. Y después, por la obra del Espíritu Santo, la vida del creyente puede ser una vida fructífera. El mismo Señor Jesús les dijo a los suyos, en Juan 15:16, "Yo os elegí a vosotros y os he puesto para que vayáis y llevéis fruto, y vuestro fruto permanezca; para que todo lo que pidáis al Padre en mi nombre, Él os lo de".

# Eclesiastés 3:1 - 4:9

Bien, llegamos ahora al capítulo tercero, y en este capítulo notamos que Salomón adoptó cierta filosofía para la vida, conocida como fatalismo. Esta creencia era común entre los paganos; el budismo es un sistema fatalista, y el platonismo también lo es. En el día de hoy encontramos que ciertos cultos, dan la impresión de tener una gran fe en Dios pero, en realidad, la "fe" consiste en fatalismo.

Uno puede observar esto los viernes, cuando gran número de personas regresan a sus hogares luego de cumplir con sus labores. Uno puede ver a esta gente, en su mayoría cansada, mostrando en sus rostros el cansancio de la tarea del día. Algunos que son vendedores llevan en sus maletines parte de su trabajo, y tratan de poner punto final a un informe, para poderlo presentar a tiempo en su oficina. Quizá lo tengan que despachar por correo para que esté en las manos del Presidente de la Compañía el lunes siguiente. Y si uno tiene oportunidad de conversar con alguna de estas personas, exponiendo sus puntos de vista, descubrirá que muchos tienen un punto de vista fatalista en cuanto a la vida.

En cierta ocasión dos hombres estaban viajando en avión y en cierto punto, el avión comenzó a internarse en una zona de tormentas. Uno de ellos, preguntó al otro si no se sentía asustado o no sentía temor en cuanto a las condiciones del tiempo. Y el otro respondió: "No, no vale la pena asustarse; lo que va a suceder, sucederá, y uno no lo puede cambiar. Si a uno le toca el turno de irse de este mundo, así sucederá. Así es que no hay nada que uno pueda hacer al respecto". Y como este hombre, hay muchos, aferrados a una filosofía de la vida que es bastante popular. Se la llama de muchas formas diferentes, pero su nombre propio es "fatalismo". Muchas personas se enfrentan a la vida con este punto de vista. Leamos entonces los versículos 1 al 8, que inician la exposición de este punto de vista en el cual Salomón buscó satisfacción, llamado

## Fatalismo

*"Todo tiene su tiempo, y todo lo que se quiere debajo del cielo tiene su hora: Tiempo de nacer y tiempo de morir, tiempo de plantar y tiempo de arrancar lo plantado, tiempo de matar y tiempo de curar, tiempo de destruir y tiempo de edificar, tiempo de llorar y tiempo de reír, tiempo de hacer duelo y tiempo de bailar, tiempo de esparcir piedras y tiempo de juntarlas, tiempo de abrazar y tiempo de abstenerse de abrazar, tiempo de buscar y tiempo de perder, tiempo de guardar y tiempo de tirar, tiempo de rasgar y tiempo de coser, tiempo de callar y tiempo de hablar, tiempo de amar y tiempo de aborrecer, tiempo de guerra, y tiempo de paz".*

Éste es el punto de vista de Salomón, tal como él lo expresó. En nuestra época solemos oír la expresión "hay que tomar la vida como viene".

En una parte de este párrafo dijo: "Hay tiempo de buscar y tiempo de perder", así es que uno puede jugar o depositar dinero en el mercado de las acciones y si pierde, bueno, eso es lo que tenía que suceder. Es observar la vida y aceptarla de esa manera pasiva, aceptando los incidentes, los eventos, tal como se presentan. Es la filosofía del fatalismo. El Diccionario de la Real Academia la define como una creencia según la cual todo sucede por ineludible predeterminación o destino. Las personas que asumen esta creencia muestran una actitud resignada, al no ver la posibilidad de cambiar el curso de los acontecimientos adversos. Eso es lo que se nos expresa aquí en estas palabras de los 8 primeros versículos.

Al avanzar podemos ver que el versículo 9, de este capítulo tercero de Eclesiastés, nos dice:

*"¿Qué provecho obtiene el que trabaja de aquello en que se afana?"*

¿De qué sirve todo esto? ¿Para qué luchar? Si usted no puede luchar contra ellos, pues únase a ellos. Ésta es una frase frecuentemente repetida entre personas en diversas actividades, especialmente usada entre comerciantes o empresarios no cristianos en el mundo de los negocios. El dinero se gana en base a esa estrategia.

Usted podrá comprobar que las personas que viven con esta actitud o forma de funcionar, no son felices. Creemos que son personas con las cuales sería muy difícil convivir. El versículo 10, del capítulo 3, nos dice:

*"He visto el trabajo que Dios ha dado a los hijos de los hombres para que se ocupen en él".*

Salomón había mirado a su alrededor: Fue como si hubiera dicho: "Yo miro a mi alrededor y veo a la gente con problemas por todas partes. Yo he logrado escapar algo a esas situaciones, y sencillamente considero que tengo suerte, y eso es todo". Luego, en el versículo 11, dijo:

*"Todo lo hizo hermoso en su tiempo, y ha puesto eternidad en el corazón del hombre, sin que éste alcance a comprender la obra hecha por Dios desde el principio hasta el fin".*

Aquí dice que Dios ha puesto eternidad en el corazón del hombre. Es decir, que ha puesto en la mente humana el sentido del tiempo, la idea de lo infinito. Las personas tienen el anhelo, el deseo de saber la significación de sí mismos y de sus acciones más allá del tiempo; no están satisfechas por quedar limitadas al tiempo, al carácter efímero y temporal de su existencia en el mundo. Hay muchos hombres que comienzan con esta filosofía de que van a exprimir su vida al máximo para obtener de ella todo lo que puedan. Salomón lo hizo así, y no quedó satisfecho en absoluto. Sigamos leyendo ahora el versículo 12, de este capítulo 3 de Eclesiastés, donde dice:

*"Yo he conocido que no hay para el hombre cosa mejor que alegrarse y hacer bien en su vida, 13y también que es don de Dios que todo hombre coma y beba, y goce de los beneficios de toda su labor".*

Existe otro grupo en esta multitud de personas que estamos mencionando; aquellos que quieren hacer bien. Un hombre dijo en cierta ocasión: "Bueno, yo creo que una persona siempre tiene que tratar de hacer las cosas lo mejor que pueda, tiene que hacer el bien. Eso es lo que yo trato de hacer". ese hombre no estaba haciendo mucho bien, pero esa era su filosofía de la vida. Luego, en el versículo 13 de este capítulo 3, leemos:

*"Y también que es don de Dios que todo hombre coma y beba, y goce de los beneficios de toda su labor".*

Este hombre dijo: "Bueno, yo no veo nada malo en beber". Y desde su punto de vista no había nada malo en ello. Ése es el fatalismo del ser humano contemporáneo. Ahora, en el versículo 14, leemos:

*"Sé que todo lo que Dios hace es perpetuo: Nada hay que añadir ni nada que quitar. Dios lo hace para que delante de él teman los hombres".*

Ellos hablan de la voluntad de Dios como algo primordial; pero, con este punto de vista, el hombre dice: "Bueno, si no es la voluntad de Dios que yo me salve, no me salvaré". Es que de esta manera el fatalismo no deja lugar para la misericordia y la gracia de Dios. El fatalismo dice que Dios no escucha ni contesta las oraciones. son la gracia, la misericordia y el amor de Dios las que hacen que esta vida sea emocionante, y las que traen alegría a la vida y dan paz al corazón humano.

Al llegar a este punto, tenemos otra filosofía que llamamos egoísmo. Es un amor excesivo por uno mismo; el interés propio del individuo es el bien supremo de la vida. Esta sección se extiende desde este capítulo 3 versículo 16 hasta el capítulo 4 versículo 16. Leamos pues el versículo 16, que comienza a hablarnos del

## Egoísmo

*"Vi más cosas debajo del sol: en lugar del juicio, la maldad; y en lugar de la justicia, la iniquidad".*

El escritor estaba diciendo aquí que todos los hombres eran malvados. Que en realidad uno no puede confiar en nadie. Éste es un punto de vista cínico de la raza humana, pero debemos confesar que es un punto de vista bastante correcto de nuestra raza humana. Es verdad.

Un hombre de negocios, creyente, dice que muchas personas, cuando están realizando sus negocios, confían en la otra persona hasta que ésta demuestre que no se puede confiar en ella. Él dice que ha aprendido a tratar a las personas como indignas de confianza, hasta que ellas prueben que no lo son. Ahora, ésta es una actitud cínica. Desgraciadamente, es razonablemente exacta y debemos decir que nuestro amigo es un empresario de éxito. Él confronta la realidad tal como Dios la ha descrito. Como dijo el apóstol Pablo en Romanos 3:23, "todos pecaron".

Y Salomón continuó con esta línea de pensamiento. Leamos los versículos 17 y 18:

*"Y dije en mi corazón: Al justo y al malvado juzgará Dios; porque allí hay un tiempo para todo lo que se quiere y para todo lo que se hace. Dije también en mi corazón: Esto es así, por causa de los hijos de los hombres, para que Dios los pruebe, y vean que ellos mismos son semejantes a los animales".*

Ahora, esta idea no es muy estimulante, ¿verdad? Y los versículos 19 y 20, dicen:

*"Pues lo mismo les sucede a los hijos de los hombres que a las bestias: como mueren las unas, así mueren los otros, y todos tienen un mismo aliento de*

*vida. No es más el hombre que la bestia, porque todo es vanidad. Todo va a un mismo lugar; todo fue hecho del polvo, y todo al polvo volverá".*

Estamos seguros que usted, reconocerá que hay varios cultos, o sectas, que se basan en esta declaración. Sin embargo, debemos recordar que este es el punto de vista del hombre debajo del sol, que vive para su propio interés.

Vivir para uno mismo, disfrutando de la vida para el placer propio, es el motivo por el cual las personas hoy en día, se implican en algunos proyectos buenos. Por ejemplo, hay muchos que tienen interés en los deportes y se entregan a ellos. Otros se dedican al arte, otros a la literatura, y otros a la música o a otras muchas actividades. Estas ocupaciones no están mal, pero son egoístas; satisfacen los deseos egoístas de la persona.

Este punto de vista no acepta la conclusión optimista. Es que la evolución dice que el hombre era una bestia pero que ahora ha llegado a ser un ser humano. El egoísmo o el interés propio dice que el hombre es una bestia, lo cual hace que el individuo desprecie a los demás. Esta filosofía produjo el sistema de castas en la India, y el sistema de clases en otras partes del mundo. Esto conduce a la vanidad y al sentimiento de que uno se sienta mejor que otro. Esta filosofía tiene un punto de vista pesimista de la muerte; el hombre muere como muere el animal. Y ya que el ser humano espera morir como muere un animal, va a vivir para sí mismo en esta vida e intentará obtener todo lo que puede de ella. Este tipo de enseñanza se imparte en muchas aulas. La evolución es una forma de ella, aunque ésta dice que el ser humano era una bestia, y esta idea que hemos comentado dice que el ser humano es una bestia. Sólo se trata de una diferencia entre períodos de tiempo. Ambas ideas están de acuerdo en que usted va a morir como un animal, y en que usted no tiene alma ni espíritu; así que entonces bien podría vivir como un animal.

Recordando lo que acabamos de decir, es interesante observar la conducta de los animales. ¿Ha observado usted alguna vez a unos gatitos cuando tratan de comer? No tienen ninguna consideración entre sí. Cuando juegan, juegan juntos sin problemas, pero cuando les dan la comida, no se preocupan para nada por empujar al más pequeño fuera del grupo, y entonces el dueño de los gatos tiene que ocuparse personalmente de alimentar al más pequeñito, ya que sus hermanos y hermanas estarían dispuestos a dejarle morirse de hambre, sin preocuparse por ello. ¿Es que no tienen compasión de él? No. Su egoísmo es también su filosofía de la vida. Y uno puede observar a los pájaros en su nido actuando de la misma manera. Cada pájaro se ocupa de sí mismo. Éste es el punto de vista del mundo animal. La razón por la cual el ser humano está comenzando a reaccionar como un animal es que él ha sido enseñado en la escuela que es un animal. Leamos ahora lo que dice el versículo 21, de este capítulo 3 de Eclesiastés:

> *"¿Quién sabe si el espíritu de los hijos de los hombres sube a lo alto, y el espíritu del animal baja a lo hondo de la tierra?"*

Salomón reconoció que el hombre era diferente al animal, porque el espíritu del hombre se remonta a las alturas, mientras que el espíritu del animal desciende a las profundidades de la tierra, porque es sólo un animal. Y luego, en el versículo 22, leemos:

> *"Así, pues, he visto que no hay cosa mejor para el hombre que alegrarse en su trabajo, porque esa es su recompensa; porque, ¿quién lo llevará para que vea lo que ha de venir después de él?"*

En otras palabras, esta vida es todo lo que vamos a conseguir. Nuevamente diremos que esta es una enseñanza contemporánea y podemos denominarla como queramos. Es decir que, esta vida lo es todo y lo único que en realidad merece la pena es que el hombre se identifique con su medio ambiente y viva como vive un animal. Por cierto, esta es la versión antigua de una filosofía que surgió de nuestras escuelas hace muchos años.

Llegamos ahora al

## Capítulo 4

Este capítulo continúa con el relato de la búsqueda de Salomón por satisfacción a través de la filosofía del egoísmo. Y en el primer versículo de este capítulo 4, dijo:

*"Me volví y vi todas las violencias que se hacen debajo del sol: las lágrimas de los oprimidos, sin tener quien los consolara; no había consuelo para ellos, pues la fuerza estaba en manos de sus opresores".*

¿Cree usted que esto se aproxima en alguna manera a cierta filosofía política de algunos países? Bueno, el egoísta se rebela contra el sistema, contra la clase dirigente. Se opone a ella. Sin embargo cualquiera sea el sistema que exista, quienquiera que esté gobernando, los pobres serán oprimidos. Sinceramente, el pobre siempre recibirá la peor parte; de eso no hay ninguna duda. Ellos son los oprimidos. Así que los movimientos de protesta comienzan a partir de esa situación social. Escuchemos lo que dice aquí en el versículo 2, de este capítulo 4:

*"Alabé entonces a los muertos, los que ya habían muerto, más que a los vivos, los que todavía viven".*

Usted quizás habrá escuchado decir: "Prefiero estar muerto que vivo". El que eso dice se rebela contra el sistema y las estructuras de autoridad. Parecería como si la muerte no le infundiera ningún temor a esta persona. Luego, dijo el escritor en el versículo 3:

*"Pero tuve por más feliz que unos y otros al que nunca ha existido, al que aún no ha visto las malas obras que se hacen debajo del sol".*

Y aquí tenemos la otra cara de la moneda. Sería mejor que las generaciones futuras nunca nacieran. A veces escuchamos la frase: "Ojalá nunca hubiera nacido". Y el versículo 4 dice:

*"He visto asimismo que toda obra bien hecha despierta la envidia del hombre contra su prójimo. También esto es vanidad y aflicción de espíritu".*

Resulta interesante que el egoísta se rebele contra el sistema, contra el opresor, contra aquello que está mal. ¿Pero qué podemos decir de aquel que está haciendo el bien? ¿Y qué acerca de aquel que está tratando de hacer algo al respecto? Bueno, el egoísta dice que eso tampoco es bueno, porque constituye una pérdida de tiempo. Aquí vemos que éste es verdaderamente un punto de vista pesimista de la vida. Y en el versículo 5, leemos:

*"El necio se cruza de brazos y se consume en sí mismo".*

¿Quiere esto decir que el necio es un caníbal? No, en realidad significa que no está dispuesto a hacer nada para protegerse a sí mismo; y ni siquiera trabajará para sí mismo. En la actualidad hemos desarrollado una sociedad como ésta; las personas sólo están dispuestas a que se les dé de todo. Veamos ahora lo que dijo en el versículo 6:

*"Más vale un puño lleno de descanso, que ambos puños llenos de trabajo y aflicción de espíritu".*

Y otra versión añade a estas palabras "corriendo tras el viento". Francamente, ésta es una buena afirmación. Por supuesto, este individuo sólo quiere hacer lo suyo, lo que a él le interesa. Pero es mejor tener algo de esta manera, que tener ambas manos llenas aflicción o anhelando cosas ilusorias. Luego, el versículo 7 dice:

*"Me volví otra vez, y vi vanidad debajo del sol".*

A donde quiera que uno vaya, se nota que las cosas funcionan mal. No hay ninguna salida. Ésta es la peor clase de pesimismo. Ésta es una clase de filosofía que conduce al suicidio. Se trata de la antigua llaga que se ha infectado. Detrás de todo se encuentra el mismo pesimismo de la filosofía del egoísmo, que enseña que todo esto acaba en la nada. Y en el versículo 8, leemos:

*"Un hombre está solo, sin sucesor, sin hijo ni hermano. Nunca cesa de trabajar, sus ojos no se sacian de riquezas, ni se pregunta: ¿Para quién trabajo yo y privo a mi vida de todo bienestar? También esto es vanidad y duro trabajo".*

¡Qué cuadro es éste que tenemos ante nosotros! Incluso si usted trabaja para otros y les ayuda, está simplemente perdiendo el tiempo. Y finalmente, dijo el escritor aquí en el versículo 9 de Eclesiastés 4:

*"Mejor son dos que uno, pues reciben mejor paga por su trabajo".*

Ahora él iba a dar algunas buenas razones para asociarse con alguien para formar un equipo, pero seguramente serán razones egoístas. Para él, dos son mejores que uno porque obtienen mayor provecho por su trabajo. O sea que usted podrá conseguir más dinero asociándose con alguien que tratando de hacerlo en solitario.

Dijimos al principio que el egoísmo era un excesivo amor por uno mismo. La persona se concentra en su propio interés y se desentiende de la situación de los demás. Pero esa situación de soledad le enfrenta con su propia insatisfacción. Y entonces, su única salida es apartar la mirada de sí misma y elevar su mirada a Aquél que no se encerró en su propia gloria ni en la perfección de Su mundo, sino que se trasladó a este mundo para rescatarnos de nuestro pecado y miseria muriendo en una cruz. una mirada de fe en el Señor Jesucristo le liberará de ese aislamiento en que usted se ha encerrado, de su frustración, y le salvará y le dará la vida eterna y libertad que disfrutan todos los hijos de Dios.

# Eclesiastés 4:10 - 5:7

Hoy, regresamos al capítulo 4 de este Libro de Eclesiastés, y vamos a comenzar nuestro estudio como dijimos, con el versículo 10. Nos encontramos en una sección donde Salomón, continuando con sus experimentos en el laboratorio de la vida y en su búsqueda de la satisfacción, estaba explorando el egoísmo, viviendo para sí mismo. El egoísmo es el amor excesivo de uno mismo. El egoísta se preocupa de forma excesiva de su propio interés, sin cuidarse del de los demás.

Como usted bien sabe, el Libro de Eclesiastés revela que Salomón trató de buscar la satisfacción por todos los medios a su alcance debajo del sol, pero ninguna de estas cosas le dieron la satisfacción que él buscaba, y por cierto que tampoco encontró esa satisfacción en el vivir para sí mismo. Pero en este lugar de nuestro texto él estaba examinando el egoísmo, y nos encontramos en esta sección que comenzó en el capítulo 3, versículo 16. Vemos al llegar al capítulo 4 y versículo 10 los beneficios de la compañía. En el versículo 9 había dicho lo siguiente: Mejor son dos que uno, pues reciben mejor paga por su trabajo. Entonces, leamos ahora el versículo 10, donde continuó exponiendo las ventajas de no vivir ni actuar en solitario.

*"Porque si caen, el uno levantará a su compañero; pero ¡ay del que está solo! Cuando caiga no habrá otro que lo levante".*

Salomón hizo el descubrimiento de que el intentar vivir solamente para uno mismo no significa que usted puede ir por la vida solo. Usted necesita a alguien que le acompañe y ayude. "¡Ay de aquel que esté solo cuando caiga!" Dice aquí. Por tal motivo se nos recomienda formar un grupo cuando vamos a una caminata de excursión, antes que ir solos. En caso de accidente es bueno tener a alguien cerca. Es el problema de muchos jubilados que viven solos, que pueden caerse y sufrir una fractura, lo cual les imposibilita incluso de a acercarse al teléfono. A veces hasta puede pasar uno o dos días antes que algún vecino se interese por ellos. Así que, concluyó el escritor, es mejor ir acompañado, porque si uno cae, la otra persona le puede ayudar.

Es decir, que usted puede hacer muchas cosas junto a otra persona, que no podría hacer si estuviera solo. Y en el versículo 11 dijo:

*"También, si dos duermen juntos se calientan mutuamente, pero ¿cómo se calentará uno solo?"*

Así, un miembro del equipo puede dar calor a otro. Quizá usted recuerda cuando era niño y en invierno cuando hacía mucho frio le gustaba acurrucarse junto a sus padres o hermanos, para recibir su calor. De modo que, así entre los dos, pudieran calentarse mejor. Luego, en el versículo 12, dice:

*"A uno que prevalece contra otro, dos lo resisten, pues cordón de tres dobleces no se rompe pronto".*

Y de paso podemos recordar la conocida frase, dos es compañía, y tres es una multitud. Y es bueno ser esa multitud, especialmente, si alguien lo ataca a uno. Si uno solo no es capaz de defenderse por sí mismo; es bueno tener alguien que le acompañe.

En ciertos lugares no es aconsejable que una mujer vaya sola a ciertos lugares públicos. Siempre tiene que hacerlo acompañada por alguna otra persona.

Como es bien sabido, tenemos grandes problemas de seguridad en relación con los robos y violencia en las calles, especialmente en las grandes ciudades. Con frecuencia, la víctima es aquella persona que transita sola por ciertos lugares. Esa soledad la convierte en alguien vulnerable, indefenso. La Biblia enseña claramente que las personas no regeneradas por Dios, tienen una vieja naturaleza pecaminosa y, por otra parte, no tienen el control del Espíritu Santo en sus vidas. Debería resultar obvio que el ser humano civilizado no ha perdido esa naturaleza y cuando está influenciado por sus tendencias, o apremiado por ciertas necesidades, necesita restricciones, más que libertad para hacer lo que le plazca. Generalmente hablando, la libertar que se ejerce muchas veces en nuestro tiempo es la libertad de atracar a la gente en plena calle y a la luz del día, para atentar contra la seguridad física, para realizar llamadas con proposiciones obscenas, para emitir a todo volumen música que solo interese a un grupo reducido de personas en horas que las que la mayoría de los vecinos necesita descansar. O sea, que se trata de una libertad para expresar el egoísmo, las pasiones más bajas y las tendencias más destructivas de cualquier manera y sin restricción alguna. usted ya sabe que la libertad no se expresa a través de una conducta abusiva. Nuestra libertad termina donde comienza la libertad de los demás.

La persona centrada en sí misma no encontrará satisfacción en esta vida. Un individuo que trabaje solo, podría encontrar cierta satisfacción por un tiempo, pero finalmente se cansaría de esa monotonía. Y lo mismo sucedería al viajar o practicar turismo en solitario. Y dice el versículo 13:

*"Mejor es el muchacho pobre y sabio que el rey viejo y necio que no admite consejos"*

A la luz de lo que estamos leyendo sobre su vida, podríamos decir que el rey Salomón era un joven sabio y, al mismo tiempo, un rey insensato. Y en el versículo 14, podemos leer:

*"Aunque haya salido de la cárcel quien llegó a reinar, o aunque en su reino naciera pobre".*

Aunque hay muchos factores que producen el empobrecimiento de grandes sectores de la sociedad, es indudable que la corrupción en varios niveles de la vida pública en algunos países, ha ayudado notablemente a hacer más pobres los recursos de los sectores más desfavorecidos de la población. Por supuesto tales abusos y toda clase de abusos son contrarios a la voluntad de Dios para la humanidad. Son una consecuencia de las pasiones, de las ambiciones que el ser humano no puede controlar. Luego, leemos en los versículos 15 y 16, de este capítulo 4 de Eclesiastés:

*"Y vi a todos los que viven debajo del sol caminando con el muchacho sucesor, que ocupará el lugar del otro rey. La muchedumbre que lo seguía no tenía fin; y sin embargo, los que vengan después tampoco estarán contentos de él. Y esto es también vanidad y aflicción de espíritu".*

Veamos la frase "el muchacho sucesor, que ocupará el lugar del otro rey". Resulta interesante recordar que Salomón era el segundo hijo de Betsabé (esposa de David) y él no era la persona a quien David hubiera elegido para ser rey. Y Salomón aparentemente se había dado cuenta de ello. También debemos mencionar que Isaac no era el primer hijo de Abraham, y que Jacob tampoco fue el hijo primogénito de Isaac. Dios cumplió a veces su propósito al elegir a los que ocupaban un segundo lugar. si usted cree que es una persona de segunda clase, recuerde que delante de Dios, usted es una persona de primera clase.

Luego, la segunda cosa que debemos notar aquí es que al pasar al tiempo, las cosas parecen diferentes de lo que eran en un principio. Dice aquí "los que vengan después tampoco estarán contentos con él". A veces un presidente comienza su mandato rodeado de popularidad, pero al transcurrir el tiempo, a veces por el desempeño de su gestión o por el desgaste de la labor de gobierno, su nivel de aceptación va disminuyendo hasta llegar al punto en que una parte de la población considera que sus medidas de gobierno perjudican a una nación, llevándola hacia una decadencia. Por ello dice este versículo 16: "La muchedumbre que lo seguía no tenía fin; y sin embargo, los que vengan después tampoco estarán contentos con él".

Y ahora, en nuestro estudio de Eclesiastés llegamos al

# Capítulo 5

En este momento del relato Salomón continuó su búsqueda y probó algo más, y ese intento podría interesar a muchos en la actualidad. Él trató de encontrar satisfacción en la religión y no la encontró. Vamos a decir aquí algunas cosas que quizá le sorprendan, pero le rogamos que no las rechace hasta que las haya considerado detenidamente.

La naturaleza del ser humano, concretamente sus pasiones, han conducido a muchísima gente a fanatizarse, a defender con desmedida tenacidad sus creencias u opiniones religiosas o políticas. En nombre de religiones se han cometido los mayores abusos, los peores desmanes, y se han llevado a cabo crueles guerras. ¿Sabía usted que esa manera de entender la religión ha perjudicado a más gente en este mundo que cualquier otra cosa? Recordemos lo que los practicantes de religiones paganas han hecho por la gente a lo largo de la historia Bíblica.

Por otra parte, podemos observar que cuando ciertas tendencias teológicas han promovido puntos de vista que afectaban a la autoridad de la Biblia y al carácter relativo de la Palabra de Dios, se produce un deterioro del nivel espiritual de los cristianos, así como un desinterés en la difusión de la Biblia y la proclamación del mensaje del Evangelio.

Más que intentar tener una religión, lo que el ser humano necesita es tener a Cristo. Desde nuestro punto de vista uno no podría llamar al Cristianismo una religión. La Biblia no establece un conjunto de reglas para celebrar las ceremonias religiosas. Por tal motivo existe una gran diversidad de congregaciones cristianas que practican diversas formas de adoración. Al Cristianismo no se le dio una norma ritual a seguir, porque desde el principio estuvo centrado en una Persona, es decir, en Cristo. Ser un cristiano, significa que uno confía en Cristo. La práctica religiosa, por sí misma, nunca ayudado mucho al hombre.

Escuchemos esta tremenda declaración que pronunció Salomón en el primer versículo de este capítulo 5 al encontrarse

## Buscando satisfacción en la religión

*"Cuando vayas a la casa de Dios, guarda tus pasos. Acércate más para oír que para ofrecer el sacrificio de los necios, quienes no saben que hacen mal".*

Salomón trató de convertirse en una persona religiosa y fue al templo. Aquí hay una palabra de advertencia a pronunciar votos o promesas apresurados. Y continuó diciendo en el versículo 2:

*"No te des prisa a abrir tu boca, ni tu corazón se apresure a proferir palabra delante de Dios, porque Dios está en el cielo, y tú sobre la tierra. Sean, por tanto, pocas tus palabras".*

La advertencia se dirige contra tomar decisiones bajo la presión de las emociones. El escritor había probado esa religiosidad superficial. Y en la actualidad hay muchos cristianos infelices. Nunca se comprometen. Se conforman con cumplir un ritual cómodo, breve y agradable. No hay nada que apague la vida espiritual más que ese tipo de religiosidad aparente. Y continuó diciendo en el versículo 3:

*"Porque de las muchas ocupaciones vienen los sueños, y de la multitud de palabras la voz del necio".*

Los insensatos suelen expresarse con gran abundancia de palabras. Y estas palabras no deberían pronunciarse ante la presencia del Señor. Y dijo el escritor en el versículo 4:

*"Cuando a Dios hagas promesa, no tardes en cumplirla, porque él no se complace en los insensatos. Cumple lo que prometes".*

Cuando se extiende una invitación en una iglesia para prometer algo a Dios, uno no debería responder a ella simplemente por sentirse emocionado o impresionado por el ambiente. Tendrá que sentir una convicción interior por el Espíritu Santo. A Dios no se le puede prometer algo con ligereza o arrastrado por la actitud de otros. Uno no puede esperar incumplir algo prometido a Dios y pretender continuar manteniendo una relación vital con Él, una relación de compañerismo y comunión disfrutando de la bendición de Dios. Luego Salomón continuó diciendo en los versículos 5 y 6:

*"Mejor es no prometer que prometer y no cumplir. No dejes que tu boca te haga pecar, ni delante del ángel digas que fue por ignorancia. ¿Por qué hacer que Dios se enoje a causa de tus palabras y destruya la obra de tus manos?"*

¿Sabía usted, que Dios dio una ley en cuanto a este asunto? El capítulo 27 del Libro de Levítico trató el tema de las promesas. Dios dio ciertas leyes concernientes a las promesas. Cuando usted hace algún trato con Dios, es mejor que cumpla lo que dice, porque Dios tomará su palabra y le considerará responsable por ello. Algunos no parecen darse cuenta de que estamos tratando con un Dios vivo, real, atento a nuestras palabras y pensamientos, y viven al margen de la voluntad de Dios. Tendríamos que tomar muy en serio nuestros tratos con Dios. Aquí dice que una promesa apresurada produce desagrado en Dios, y puede resultar en la destrucción de lo que alguien haya hecho, del fruto de su trabajo. Y así, se habrá demostrado que tal trabajo, tales actividades eran vanas, inútiles. No constituían una obra destinada a permanecer. Y observemos como el escritor ilustró lo que quería decir. Continuemos leyendo el versículo 7:

*"Pues, donde abundan los sueños abundan también las vanidades y las muchas palabras. Pero tú, teme a Dios".*

Salomón comparó los votos o promesas apresuradas con los sueños, o con las pesadillas que no tienen sentido. Y en este contexto, se consideran vanidades, y una palabrería absurda. En medio de tantas palabras insensatas, el escritor nos exhorta a tener un temor reverente, respetuoso de Dios. No hay ningún elemento en la vida que pueda sustituir a una relación personal con Dios. Algunos utilizan sus experiencias personales para poner a prueba la Palabra de Dios. Y el proceso debería ser exactamente el contrario. Toda experiencia debe ser puesta a prueba, contrastada con la Palabra de Dios. En este sentido debemos recordar un pasaje significativo del Nuevo Testamento, en la primera carta del apóstol Juan capítulo 4, versículo 1, que dice: "Amados, no creáis a todo espíritu, sino probad los espíritus si proceden de Dios, porque muchos falsos profetas han salido por el mundo". Muchas personas se salen por la tangente de la experiencia y viven apoyados en ella. Ésa no es más que otra forma de religiosidad. Es una apelación a las emociones o al sentido estético.

¿su fe en Cristo se apoya en una serie de experiencias determinadas, o en la Palabra de Dios? ¿Depende de ciertos formalismos o hábitos? ¿Depende únicamente de su estado anímico, o de sus emociones? O más bien, tiene usted a Cristo. Tenga en cuenta que el Señor Jesucristo, que es la Palabra viva de Dios, que se encarnó y vino a este mundo para morir por nosotros, da vida eterna a todos aquellos que por la fe aceptan Su obra de redención en la cruz, convirtiéndose así en hijos de Dios. Pero no sólo estamos hablando de vida eterna más allá de la muerte. Los hijos de Dios tienen a su alcance enormes recursos espirituales a través de la obra del Espíritu de Dios. Dios se complace en dar a cada uno de Sus hijos una nueva motivación para vivir, nuevas metas. Aquellos que buscan su satisfacción en Él y en el cumplimiento de Su voluntad, disfrutarán de Su guía, Su dirección en las circunstancias de su vida, y de la fortaleza necesaria para llevar a cabo una vida con propósito. Por lo tanto, la guía y orientación para el cristiano, es la Palabra de Dios, ella es la base de su esperanza y el fundamento de todas sus experiencias. Y, por cierto, las experiencias que trae a nuestra vida la obra del Espíritu Santo, no pueden compararse a ninguna experiencia humana, ideada o elaborada por proyectos o ideas humanas. Muchos hablan hoy de incrementar la calidad de su vida, pensando más bien en adquirir los elementos materiales que proporcionan esa comodidad, ese desahogo económico que nos libera de la presión económica. Pero todos los medios humanos resultan inútiles para traer al corazón humano una satisfacción integral y duradera. Por todo ello y en contraste, las experiencias que a una vida traen la Palabra de Dios y el Espíritu Santo constituyen el más alto exponente de calidad de vida que se puede alcanzar en esta tierra. Y ésa es la calidad de vida que le deseamos a usted.

# Eclesiastés 5:8 - 6:12

Nos encontramos, en una sección del libro de Eclesiastés donde Salomón se encontraba buscando la satisfacción por medio de la religión. Usted recordará que Salomón estaba realizando un experimento en la vida misma. Probablemente el único hombre que podía haber realizado esta clase de experimento por los grandes recursos de que disponía. Él había intentado encontrar el contentamiento en la vida a través del estudio de la ciencia, las leyes naturales; la sabiduría y la filosofía, el placer, el materialismo, es decir, el vivir para el presente. Y luego él probó asumir el fatalismo, que es hoy una forma de ver la vida bastante popular. También el egoísmo; es decir, el vivir para uno mismo. Y, luego, este hombre también probó la religión. Ahora, esto no quiere decir que el probó a Dios, porque no lo hizo. Vimos que descubrió que si usted pasa a través de ciertas formas o ritos, éstos no le van a satisfacer en su corazón, y que usted debe tener cuidado cuando trata con Dios al hacerle promesas porque Él es una realidad, y Él tratará con usted de una forma muy definida. Ahora, en el versículo 7 del capítulo 5, de Eclesiastés, leemos:

*"Pues, donde abundan los sueños abundan también las vanidades y las muchas palabras. Pero tú, teme a Dios".*

Salomón comparó los votos o promesas apresuradas con los sueños, o con las pesadillas que no tienen sentido. Y en este contexto, se consideran vanidades, y una palabrería absurda. Y en medio de tantas palabras insensatas, el escritor nos exhortó a tener un temor reverente, respetuoso de Dios. No hay ningún elemento en la vida que pueda sustituir a una relación personal con Dios. Algunos utilizan sus experiencias personales para poner a prueba la Palabra de Dios. Y el proceso debería ser exactamente el contrario. Toda experiencia debe ser puesta a prueba, contrastada con la Palabra de Dios. En este sentido debemos recordar un pasaje significativo del Nuevo Testamento, en la primera carta del apóstol Juan capítulo 4, versículo 1, que dice: "Amados, no creáis a todo espíritu, sino probad los espíritus si proceden de Dios, porque muchos falsos profetas han salido por el mundo". Muchas personas se salen por la tangente de la experiencia y viven apoyados en ella. Ésa no es más que otra forma de religiosidad. Es una apelación a las emociones o al sentido estético.

¿su fe en Cristo se apoya en una serie de experiencias determinadas, o en la Palabra de Dios? ¿Depende de ciertos formalismos o hábitos? ¿Depende únicamente de su estado anímico, o de sus emociones? ¿O más bien, tiene usted a Cristo?

Leamos ahora el versículo 8 de este quinto capítulo de Eclesiastés, en el que Salomón dijo:

*"Si ves en la provincia que se oprime a los pobres y se pervierte el derecho y la justicia, no te maravilles; porque sobre uno alto vigila otro más alto, y uno más alto está sobre ambos".*

En algunos países y aun en organismos internacionales existe corrupción en los programas especiales de ayuda a los pobres, porque muchos hoy están tratando de enriquecerse a costa de los menos favorecidos de la sociedad. Pero Dios juzgará esas situaciones. Aquí en este versículo dice: "Porque sobre uno alto vigila otro más alto". Dios ve lo que está sucediendo y tratará con ese abuso e injusticia con severidad.

La historia de este mundo confirma esto. Dios está al tanto de la manera en que algunos gobiernos u organizaciones encaran esta ayuda a los necesitados. Ha habido gobiernos que han intentado abusar de los pobres y esos gobiernos han caído. En algunos casos la caída ha sido violenta, traumática. Fue realmente el juicio de Dios sobre un estado generalizado de corrupción en el cual unos pocos estaban viviendo a costa de muchos necesitados.

Dios tiene mucho que decir acerca de la ayuda a los pobres. Cuando el Señor Jesús venga a reinar durante la época del reino, las personas se encontrarán con que hay Alguien reinando que habla en serio cuando dice que va a hacer algo por los pobres. Habrá justicia y equidad para ellos. No creemos que los pondrá en un sistema de subsidio por desempleo. Pero cada persona hará su contribución y recibirá un trato justo.

Ahora, esto nos lleva a la próxima división en el relato de los experimentos que Salomón llevó a cabo para encontrar satisfacción en la vida. Como hemos visto, probó la ciencia, el estudio de las leyes naturales. Probó la sabiduría y la filosofía, el placer y el materialismo. Trató de vivir únicamente para el presente. También probó el fatalismo y el egoísmo, es decir, el vivir sólo para sí mismo. Y después de todas estas cosas, intentó la religión.

Ahora veremos a Salomón implicarse en otro experimento. Él se encontraba en una posición de obtener y disfrutar de las riquezas más que cualquiera otra persona. En su tiempo, era probablemente el hombre más rico de la tierra. Se dedicó a acumular oro y pudo conseguir todo lo que quiso. Las riquezas de Salomón fueron el factor que finalmente causaron la caída de la nación. Se despertó la codicia de las naciones que se encontraban a su alrededor, quienes se pusieron en movimiento para conseguir algo de aquella riqueza. Dios había colocado como un muro de protección alrededor de Israel pero dicho muro se desmoronó. Y Dios entonces permitió que aquellas naciones entraran en Israel para aprovecharse de esas riquezas. Leamos entonces el versículo 10, del capítulo 5, donde vemos al escritor comenzó a hablar sobre

## La búsqueda de la satisfacción en la obtención y disfrute de

## las riquezas

*"El que ama el dinero no se saciará de dinero; y el que ama la riqueza no sacará fruto. También esto es vanidad".*

Podemos imaginarnos al presidente de una gran compañía que al final del año fiscal comprueba que ha acumulado una gran ganancia, pero ese hecho, en realidad, no lo va a dejar satisfecho. Una persona puede tener una abultada cuenta en el banco, que le ofrece en alguna medida seguridad; pero ello no le satisfará realmente. Las riquezas no traerán satisfacción a la vida.

Las riquezas no tienen nada de malo en sí mismas. La Biblia nunca condena a la riqueza, sí, condena el amor al dinero. No al dinero mismo. El problema es el amor al dinero, que es la raíz de todos los males (como vemos en 1 Timoteo 6:10). El acumular riquezas sólo por el hecho de acumularlas, está mal. Se dicho que el mezquino piensa que los billetes son planos para poderlos apilar, mientras que el derrochador piensa que el dinero es redondo para hacerlo rodar. Ambos están totalmente equivocados.

La actitud de un hombre en cuanto al dinero es el punto en cuestión. No hay nada de malo en el sistema mismo de ganancias vigente en la actualidad. Lo malo está localizado en la gente que está metida en el sistema. Lo que está mal es el amor al dinero. El amor al dinero hace que la gente intente ser rica por el mero hecho de serla.

Y uno puede ver a personas que se han unido, vinculadas por un acuerdo, para ganar dinero simplemente por esa única motivación. En cierta ocasión, un humorista estaba haciendo una presentación pública sobre una obra en cuya producción él había tomado parte. Estaba expresando su agradecimiento a todos aquellos que habían participado y explicando en qué medida todos habían colaborado. Era un discurso bien preparado y sin el más leve rastro de humor. Y al llegar al final dijo: "Y todos nos hemos mantenido unidos en este esfuerzo por un solo motivo", hizo una pausa y añadió, "¡por codicia!". Y ése había sido el caso. La codicia había sido el ingrediente que les conservó unidos para realizar esa producción. Y ese es el ingrediente que mantiene unidas a muchos individuos y organizaciones.

En ciertas regiones del mundo uno puede observar algunos países donde se permite que un dirigente se enriquezca desmesuradamente mientras que el resto de los habitantes de esa nación viven en la miseria más extrema. Dios condena esas tristes situaciones. Y Él lo condena porque el amor al dinero que ello implica en algunos, y por el uso que hacen de ese dinero. Y lo condenable es esa pasión por el dinero, independientemente de la orientación política o el sistema que gobierne un país. ¡Qué diferente sería nuestra sociedad y el mundo, si el ser humano produjese dinero y ganancias para el honor y la gloria de Dios! Si las personas trabajaran para obtener dinero motivados por la honra y la gloria de Dios. Seria hermoso que el dinero se utilizara de la forma correcta. Pero, por supuesto, ante una pasión tan fuerte y arraigada, la única cura para la codicia es experimentar un encuentro con Cristo, es tenerle en el corazón.

Continuemos ahora leyendo el versículo 11 de este quinto capítulo de Eclesiastés:

*"Cuando aumentan los bienes, aumentan también quienes los consumen. ¿Qué beneficio, pues, tendrá su dueño, aparte de verlos con sus propios ojos?"*

El crecimiento por el crecimiento mismo, no es bueno. Esto es cierto en los negocios, en las organizaciones cristianas y en la iglesia.

El autor de estos estudios bíblicos, el Dr. J. Vernon McGee, contó que por años fue el pastor de una iglesia grande. Pronto descubrió que crecer por el hecho mismo de crecer, para tener una iglesia de numerosa membresía, no era más que una fuente de problemas. No era una actividad que se pudiera disfrutar, o algo por lo cual alegrarse. Dijo que el Señor le enseñó que el crecer para el honor y la gloria de Dios tenía que ser el único propósito de la vida. Y dijo que llevó esta lección a la práctica teniendo esta meta ante él y se dedicó con una renovada ilusión a la difusión de la Palabra de Dios.

Bien, sigamos ahora adelante; en el versículo 12 de este capítulo 5 leemos:

*"Dulce es el sueño del trabajador, coma mucho o coma poco; pero al rico no le deja dormir la abundancia".*

Mientras que el que trabaja siempre duerme tranquilo y a gusto, el rico tiene que permanecer siempre en guardia para proteger sus riquezas de aquellos que quieran arrebatárselas, o de aquellos que de otra manera amenacen sus negocios y la fuente de sus ingresos. El pensar obsesivamente en todo ello lo mantiene despierto por las noches.

En cierta ocasión una señora muy rica estuvo en un hotel, en el cual se les pedía a los clientes que depositaran los objetos de valor en la caja fuerte del hotel para que estuvieran mejor protegidos. Y esta señora muy rica depositó en la caja fuerte del hotel sus joyas, y ella tenía tantas cosas que se demoró como 30 minutos para hacerlo. La joven a cargo de esta tarea dijo: "Esa señora ya ha estado aquí antes, y bajará aquí a esta oficina una docena de veces para comprobar si están todas sus joyas y para sacar alguna para usar; y luego la trae de nuevo". Esa mujer tenía, en realidad, un problema grande, y su preocupación por las riquezas que llevaba consigo no le permitía disfrutar plenamente de la belleza del lugar en que se encontraba. Podemos ver entonces que hay muchas razones por las cuales al rico, no le deja dormir la abundancia.

Veamos ahora lo que dice el versículo 13:

*"Hay un mal doloroso que he visto debajo del sol: las riquezas guardadas por sus dueños para su propio mal"*

Las riquezas en realidad perjudican más que ayudan a muchas personas. Como acabamos de ver, algunas veces las personas que poseen menos recursos son más felices que los que poseen grandes riquezas. Sin embargo, el Apóstol Pablo dijo en Filipenses 4:12, que él sabía vivir en la abundancia, y lo que era vivir en la pobreza. Sinceramente hablando, nos agradaría probar ambas opciones. Ahora, el versículo 14, hablando de las riquezas dice:

*"Las cuales se pierden por mal empleadas, y al hijo que ellos engendraron nada le queda en la mano".*

Es decir que una persona puede acumular una fortuna y dejársela a su hijo y él podría gastarla toda. Pero en algunos países, hay gente que, inteligentemente, no dejan el dinero quede directamente bajo el control de los hijos. Sino que lo dejan, por ejemplo, en manos de un abogado, de un administrador o de alguna otra persona de confianza, para que lo distribuya entre los hijos en pequeñas cantidades, para proteger de esta manera la fortuna familiar.

Por otra parte hay personas que nunca obtuvieron dinero durante su vida. Son personas adineradas porque en su día recibieron una herencia. Pero les falta sabiduría y discernimiento sobre cómo usar el dinero que tienen. A veces esas personas ocupan posiciones de influencia. Este hecho podría constituir un problema o no, dependiendo de si utilizan su dinero con criterio y una buena motivación.

Creemos que la división de la sociedad en algunas naciones no es principalmente causada por las razas. Más bien se reduce a la división tradicional entre ricos y pobres. Ésta ha sido siempre la línea de demarcación a través de los siglos. Parece que Salomón comprendió los problemas que tendrían para la economía, y para los que tuvieran el control del capital, factores tales como la corrupción, las malas inversiones, el despilfarro, así como la acumulación y retención de dinero. Lo que le quedó bien en claro fue que las riquezas, por sí mismas, no satisfacen las ansias del alma humana, no constituyen una solución para los problemas de la vida. Y llegamos así al

## Capítulo 6

Este capítulo concluye la sección del libro en la cual podemos ver sus conclusiones de sus experiencias en la obtención y disfrute de las inmensas riquezas que poseyó, en su búsqueda de la satisfacción. Leamos entonces los versículos 1 y 2 de este sexto capítulo de Eclesiastés:

*"Hay un mal que he visto debajo del cielo, y que es muy común entre los hombres: El del hombre a quien Dios da riquezas, bienes y honra, y nada le falta de todo lo que su alma desea; pero no le da Dios facultad de disfrutar de ello, sino que lo disfrutan los extraños. Esto es vanidad y mal doloroso".*

Un amigo del profesor McGee le contó que en una ocasión, encontrándose en un hotel del estado de Florida, vio al anciano multimillonario John Rockefeller sentado en su mesa cenando. Su cena era muy ligera, apropiada a la rigurosa dieta que debía seguir a causa de sus problemas de salud. Un poco alejado y en un rincón, se encontraba también cenando uno de los camareros del hotel; frente a él tenía un plato con un bien condimentado trozo de carne, y otras delicias gastronómicas. Ambos hombres ofrecían a la vista un interesante contraste, revelador de la inmensa distancia social que les separaba. El hombre que podía permitirse el plato más completo y caro del lujoso restaurante, no podía disfrutarlo. Y el camarero, que normalmente no podría permitirse semejante plato, podía comerlo por disfrutar de buena salud y además, trabajar en el restaurante. Ahora, el versículo 3 de este capítulo 6, de Eclesiastés dice:

*"Aunque el hombre engendre cien hijos, viva muchos años y los días de su edad sean numerosos, si su alma no se sació del bien, y además careció de sepultura, digo que más vale un abortivo".*

La inutilidad y lo lamentable de unas riquezas no disfrutadas son aquí consideradas peores que la tragedia del que no nació. Y al terminar su vida con la llegada de la muerte, nada podrá llevar consigo. Se ha dicho popularmente hablando que la mortaja no tiene bolsillos. Recordemos la vida del patriarca Job. Él dijo que había llegado a este mundo sin nada, y sin nada partiría de él. Cuántos esfuerzos inútiles se invierten en dedicar toda una vida a luchar y obtener aquello que no sólo no puede traer felicidad a esta vida, sino que tampoco tiene utilidad para la vida después de la muerte, para la vida eterna. Y pensar que hay tantas personas que malgastan de forma insensata esta vida que es tan breve como un vapor que se desvanece en el aire. Esto nos recuerda la parábola relatada por Jesús en Lucas 12 sobre un hombre rico que dedicó su vida a amasar una gran fortuna. Y cuando pensaba que iba a vivir muchos años y hacía planes para disfrutarla escuchó una voz que le anunció su fin con estas palabras: "Necio, esta misma noche te van a reclamar la vida. ¿Y quién se quedará con lo que has acumulado?"

# Eclesiastés 7:1 - 8:15

Llegamos al capítulo 7 de este Libro de Eclesiastés y aquí encontramos el último experimento realizado por Salomón. Como dijimos antes, él hizo un experimento con su vida y probó todo lo que se podía hacer debajo del sol, buscando la posibilidad de obtener satisfacción y disfrutar de su vida, y él probó hacer de todo sin encontrar esa satisfacción. Él probó la ciencia, estudió las leyes naturales del universo, con lo cual pudo realizar alguna contribución, pero no le satisfizo para nada. Luego él se dedicó al estudio de la filosofía y la psicología. Y tampoco le dejó satisfecho. Llegó a los límites del placer y el materialismo. También probó el fatalismo, una filosofía bastante popular de la vida en el día de hoy. E intentó el comportamiento egoísta, el vivir para uno mismo. Luego probó la religión; y ninguna religión puede satisfacer porque sólo Cristo puede satisfacer el corazón. También las riquezas fue algo que este hombre Salomón intentó disfrutar. Él fue el hombre más rico del mundo. Sin embargo, descubrió que sus inmensas riquezas, por sí mismas, no le trajeron ninguna satisfacción.

Ahora le veremos probar su último experimento: la moralidad. Al que intenta encontrar su satisfacción en la moralidad le consideraríamos una persona que hace buenas obras a favor de los demás. Y diríamos que en esa dirección es donde se está dirigiendo la mayoría de la gente. De esa clase de personas se está hablando en esta sección. Leamos entonces el primer versículo de este capítulo 7 de Eclesiastés, que nos presenta a Salomón

## Buscando la satisfacción en la moralidad: la buena vida

*"Mejor es la buena fama que el buen perfume, y mejor el día de la muerte que el día del nacimiento".*

Por cierto, esto es verdad. No hay nada malo en cuanto a esta declaración: "Mejor es la buena fama que el buen perfume". Es muy agradable para cualquiera poder escuchar que la gente diga que es un buen vecino y que nunca ha dado lugar a conflictos ni discusiones. Se lleva bien con todos y no discute sobre religión ni política, nunca adopta una posición en contra de otra persona y no se mete en ninguna clase de situaciones dudosas o difíciles. Se limita a sonreír y adopta siempre una línea media, sin desviarse de ella hacia un lado u otro. Es una persona respetable, reconocida en la comunidad. Forma parte de diversas organizaciones y se relaciona con toda clase de personas. Y en el día de su muerte se dirá de él lo mejor que se pueda decir. Salomón dijo que esta buena reputación es algo que uno debe procurar aquí en la tierra. Pero, ¿traerá satisfacción al corazón?

El versículo 2, de este capítulo 7, dice:

*"Mejor es ir a la casa del luto que a la casa del banquete, porque aquello es el fin de todos los hombres, y el que vive lo tendrá presente en su corazón".*

Toda esta vida de moralidad y buenas acciones se lleva a cabo de una manera digna y decorosa. El ciudadano ejemplar, por ejemplo, asiste a un club para escuchar una conferencia sobre contaminación ambiental. Como el hablar no compromete la comodidad ni altera la vida de nadie, discutirán el asunto destacando la gravedad del problema, pero ninguno de los presentes se implicará en una acción práctica. En otra ocasión se reunirán para hablar sobre problemas sociales pero nadie se comprometerá personalmente a aportar soluciones prácticas. Y todo ello sin implicarse ni demostrar apasionamiento ni ilusión por los graves problemas que se discuten. Este podría ser un ejemplo de cómo funcionan las cosas en una comunidad de un país en el que la gente vive con relativa prosperidad.

Ese tipo de vida no puede satisfacer las necesidades de una persona. No debería extrañarnos que los jóvenes se hayan revelado contra ese tipo de sociedad tan convencional, contra una forma de ser tan acomodada. Ahora, notemos lo que dice aquí el versículo 3, de este capítulo 7 de Eclesiastés:

*"Mejor es el pesar que la risa, porque con la tristeza del rostro se enmienda el corazón".*

La gente hoy, como es lógico, hace todo lo posible para evitar la aflicción. El escritor menciona aquí al corazón como asiento de la reflexión y de las decisiones morales y recomendó a la gente que reflexionara sobriamente acerca de la brevedad de la vida, antes que implicarse en placeres insensatos. Por ello continuó diciendo en el versículo 4:

*"El corazón de los sabios está en la casa del luto, mas el corazón de los insensatos, en la casa donde reina la alegría".*

O sea, que el sabio tiene presente la muerte, pero el insensato sólo piensa en la diversión. Los insensatos, al ver a sus amigos partiendo de esta vida no se les ocurre pensar que también ellos se encaminan en la misma dirección. Y su necedad hace que no se les ocurra pensar cuál será su destino final. No consideran importante preguntarse si están salvos, o perdidos, o si tienen una debida relación con Dios. Continuemos leyendo los versículos 5 y 6:

*"Mejor es oír la represión del sabio que la canción de los necios, porque la risa del necio es como el crepitar de los espinos debajo de la olla. Y también esto es vanidad".*

Quizás Salomón se preguntó, ¿por qué no escuchar a ambos grupos? Escuchar la represión de los sabios y después las risas de los insensatos. Un grupo es mejor que el otro, pero es más fácil llevarse bien con ambos grupos, para ser popular en cada uno de ellos. Algunos no soportarían mucho tiempo escuchando la represión de los sabios. Veamos ahora, lo que dice el versículo 9:

*"No te apresures en tu espíritu a enojarte, porque el enojo reposa en el seno de los necios".*

Algunos adoptan la forma de ser de no enfadarse por nada. El ser amigo de todos es una buena fórmula para hacer negocios con más gente, sin irse a los extremos y estando dispuesto transigir, a contemporizar. Al ir con un grupo un día, y al día siguiente con el otro, se puede llegar a ser aceptado por los dos.

Leamos ahora el versículo 11 de este séptimo capítulo de Eclesiastés:

*"Buena es la ciencia, o sabiduría, con herencia, y provechosa para los que ven el sol"*

Aquí tenemos sabiduría. Dijimos al comienzo de nuestro estudio del Libro de Proverbios, que la sabiduría es otro nombre para Cristo. Dios ha hecho a Cristo nuestra sabiduría. ¡Ah, como necesitan a Cristo aquellos que han adoptado el camino de las buenas obras para lograr la satisfacción y el disfrute de la vida! Y continúa diciendo el versículo 12:

*"Porque escudo es la ciencia y escudo es el dinero; pero más ventajosa es la sabiduría, porque da vida a sus poseedores".*

Hay quien considera al dinero como un escudo, como una protección, porque lo tiene en abundancia, pero no ve la necesidad de tener a Cristo.

Aquí dice que "la sabiduría da vida a sus poseedores", hay que recordar siempre no se puede comprar la vida con el dinero. La ciencia médica puede ser capaz de alargar su vida por unos pocos años, pero no proporciona vida eterna aquí ni más allá de la muerte, en la eternidad. Sólo la sabiduría, que es Cristo, puede darle esa vida eterna. Ahora, pasando al versículo 21, de este capítulo 7 de Eclesiastés, leemos:

*"Tampoco apliques tu corazón a todas las cosas que se dicen, para que no oigas a tu siervo cuando habla mal de ti"*

Aquí se le aconseja que no se perturbe cuando le lleguen noticias de que alguien que le conoce bien a usted, dice que usted es una mala persona. Si adopta una posición intermedia y moderada, a la larga, la comunidad le aplaudirá.

buscar satisfacción en la vida simplemente realizando buenas obras equivale a vivir como un vegetal, no como un ser humano. Hay muchos jóvenes que se han rebelado contra ese espíritu acomodado y frente a la hipocresía de vivir una vida durante la semana, y otra diferente, de apariencias, el domingo. Y muchos están viniendo a tener un encuentro con Cristo. A pasar de su juventud, han probado todo lo que la vida puede ofrecer y, en muchos casos, no han encontrado a Cristo en sus hogares, aunque sus padres profesaban un cristianismo de formas, aunque asistieran el domingo a la iglesia. Se dieron cuenta de que faltaba algo importante en el ambiente en que se movían. Han visto de cerca la hipocresía, la vaciedad de vida de los que pretenden ser moralistas, escudándose en sus buenas obras.

Creemos que resulta más fácil ganar a un ateo que a un hipócrita asistente a una iglesia. El ateo puede responder cuando escuche el Evangelio por primera vez, pero el que asiste a la iglesia por conveniencia ya ha escuchado el Evangelio una y otra vez y se ha endurecido, insensibilizado ante el mensaje de Cristo. Y ello constituye una tragedia.

Y ahora llegamos al:

## Capítulo 8

En este capítulo se continúa hablando del hombre tibio, que no se entusiasma con nada. Su carácter puede describirse como "ni frío ni caliente". Dice que está viviendo de acuerdo con la regla de oro, pero no parece tener ninguna idea sobre qué es la regla de oro ni lo que ésta requiere. Salomón observó que no parecía haber mucha diferencia entre el malvado y el justo. Vamos, pues, a destacar los puntos más sobresalientes de este capítulo. El primer versículo del capítulo 8 de Eclesiastés dice:

*"¿Quién como el sabio? ¿Quién como el que sabe interpretar las cosas? La sabiduría del hombre ilumina su rostro y cambia la tosquedad de su semblante".*

Sólo Cristo, que es la verdadera sabiduría, puede cambiar la vida de una persona. Él puede llegar a una vida y traerle emoción, alegría y paz. Él puede hoy proporcionarnos todas las cosas necesarias para librarnos de vivir una existencia mediocre. Luego, los 2 versículos siguientes, los versículos 2 y 3 dicen:

*"Te aconsejo que guardes el mandamiento del rey, por el juramento que pronunciaste delante de Dios. No te apresures a irte de su presencia, ni en cosa mala persistas; porque él hará todo lo que quiera"*

Salomón estaba diciendo: "¡Cuidado con lo que haces! ¡No te metas en problemas!" Y el versículo 4, añade:

*"Pues la palabra del rey es soberana y nadie le dirá: ¿Qué haces?"*

Ahora el rey podía adoptar una postura a favor de lo que creía porque tenía la libertad de hacerlo. ¿por qué no actuar como un rey, con esa libertad, y tomar la decisión de venir a Cristo?

En cierta ocasión le preguntamos a un joven rebelde, que por su apariencia iba contra todo convencionalismo: "¿Por qué has adoptado un estilo de vida como éste? ¿Por qué vas vestido de esa manera?" Y él contestó: "Bueno, yo quiero libertad, quiero ser libre. Yo quiero vivir como me plazca". Entonces le preguntamos: "Si tú cambiaras tu forma de vestir, y luego regresaras a tu grupo de amigos, ¿te aceptarían?" Él pensó por un momento y respondió: "Creo que no me aceptarían". Entonces le dijimos: "Entonces, tú no tienes mucha libertad, ¿verdad? Tienes que seguir las reglas que te dicta esa gente".

Y aparentemente, así es. Muchos jóvenes creen que deben tener la aprobación de la pandilla, así que verdaderamente no saben lo que es la libertad. Muchos de ellos beben excesivamente o toman drogas por ninguna otra razón que la de ser aceptados por su círculo. Otra persona también le formuló al mencionado joven otra pregunta: "Mira, ¿crees que yo no tengo libertad porque me visto de esta manera?" "Bueno", dijo el joven, "sí, yo diría eso". Entonces la otra persona le dijo: "Bueno, yo tengo una libertad que tú no tienes en el presente. Yo no tengo por qué vestirme de esta manera todo el tiempo. Puedo vestirme de la forma que me apetezca y así lo hago. No tengo que someterme a un modelo o estilo obligatorio. Así que tengo esa libertad". Y entonces la persona conocida nuestra continuó diciéndole: "Tú y yo estamos viviendo en un mundo que se encuentra en rebelión contra Dios; la humanidad va orientada en esa dirección. Pero yo puedo inclinarme ante el Señor Jesucristo. Puedo llamarle mi Señor y mi Salvador. Y ésta es la verdadera libertad. Yo no sigo la dirección de la multitud, de la mayoría. He hecho mi propia elección. Si tú quieres una libertad auténtica, no una imitación, ven a Cristo. Él mismo dijo en Juan 8:36, 36Así que, si el Hijo os liberta, seréis verdaderamente libres". Hasta aquí la cita de la conversación. Y ésa sí que es la libertad genuina y eterna. Ésa es, la libertad que usted también puede tener.

Volviendo a nuestro texto, a la gente le resulta difícil comprender que aquel que está esforzándose por hacer buenas obras para encontrar la satisfacción de su alma está en rebelión contra Dios y como preso en una cárcel, atado firmemente a las reglas o tradiciones de ese estilo de vida que su grupo o medio ambiente le han fijado. Y veamos lo que dice aquí el versículo 8, de este capítulo 8 de Eclesiastés:

*"No hay hombre que tenga potestad sobre el aliento de vida para poder conservarlo, ni potestad sobre el día de la muerte. Y no valen armas en tal guerra, ni la maldad librará al malvado".*

Éste es un pensamiento solemne y una gran advertencia. Estas palabras describen la patética impotencia del ser humano frente al fin de su propia vida. Y el versículo 11, de este capítulo 8, dice:

*"Si no se ejecuta enseguida la sentencia para castigar una mala obra, el corazón de los hijos de los hombres se dispone a hacer lo malo".*

¡Qué cuadro tenemos aquí de nuestra sociedad contemporánea! Cuando las leyes no se cumplen, la maldad de los seres humanos evade los límites impuestos por la sociedad, porque el mal reside en el corazón humano. Incluso algunos que profesan ser cristianos creen que pueden pecar impunemente y que si el castigo de Dios nos les alcanzado aún, es que ya no vendrá. Pero Él está esperándoles en algún punto del camino. Por ello son tan oportunas las siguientes palabras del apóstol Pablo en 2 Corintios 6:2: "Ahora es el tiempo aceptable; ahora es el día de salvación". la vida es un regalo y Dios le concede el día de hoy para que usted se vuelva a Él.

Continuemos leyendo el versículo 14 de este octavo capítulo de Eclesiastés:

*"Hay vanidad que se hace sobre la tierra, pues hay justos a quienes les sucede como si hicieran obras de malvados, y hay malvados a quienes les*

*acontece como si hicieran obras de justos. Digo que esto también es vanidad".*

Salomón observó que cuando uno mira las cosas superficialmente, no parece haber demasiada diferencia entre los malvados y los justos. Parece que da igual si uno es malvado o justo, porque ambos terminan de la misma manera. Y el versículo 15, dice:

*"Por tanto, alabé yo la alegría, pues no tiene el hombre más bien debajo del sol que comer, beber y alegrarse; y que esto le quede de su trabajo los días de su vida que Dios le concede debajo del sol".*

Y este hombre finaliza viviendo de esta manera: "comamos y bebamos, porque mañana moriremos". (Como dice la frase citada en 1 Corintios 15:32) La conclusión es que lo mejor que uno puede hacer es disfrutar de la vida y del trabajo en los días de vida que Dios le da en este mundo. ésa es la filosofía de la vida más triste, vacía e inútil que cualquier persona pueda tener.

# Eclesiastés 9:1-14

En esta sección hemos calificado al moralista como aquel que hace buenas obras. Le hemos visto como aquella persona que cree que si se comporta bien y actúa honestamente en todos sus asuntos, Dios le aceptará. Cree que va a ir al cielo por la dinámica de sus propios esfuerzos, porque está trabajando por su salvación y además, se considera una buena persona. Tiene una filosofía dura de la vida y muy poca alegría verdadera, que le lleva a expresar algunas conclusiones muy tristes y pesimistas.

Hemos visto que muchas de las enseñanzas del Eclesiastés son bastante radicales. Ellas presentan la filosofía del hombre que vive debajo del sol. No representan el punto de vista del cristiano, ni el punto de vista de Dios. Nos expresan las conclusiones inevitables alcanzadas por ese hombre debajo del sol, limitado a la esfera de la tierra. Consideramos que éste es un libro triste, y especialmente lo notamos en este libro. Este libro de la Biblia es como una oveja negra en un rebaño. Uno puede encontrar en este libro muchos pasajes que parecen contradecir a otros de las Sagradas Escrituras. Expresan ideas contrarias a algunas de las grandes enseñanzas de la Biblia, lo cual explica por qué esta obra ha sido una de las favoritas entre los ateos. Volney yVoltaire lo citaron con frecuencia. Fomenta una filosofía pesimista de la vida, como la que tuvo Schopenhauer. Y además, algunos cultos o sectas basan las principales tesis de sus sistemas en este libro.

Ahora, ¿cómo llegó este libro a formar parte del canon de las Escrituras? Bueno, como con cualquier otro libro, es evidente que se debe considerar el propósito del autor. ¿Cuál es su tesis? ¿Qué es lo que está tratando de demostrar? ¿Está el escritor intentando exponer algunos principios cristianos? Tenemos que recordar siempre que

Salomón estaba hablando de una vida separada de Dios. Estaba tratando de realizar un experimento para ver como el ser humano podía ser feliz sin Dios. Y, aquí tenemos las conclusiones a las que había llegado como ser humano que vive en esta esfera terrenal, debajo del sol, como él mismo la definió. Ésta es la perspectiva desde la cual el ser humano contempla a la vida. Entonces, no es sorprendente que los no creyentes citen este libro.

Quisiéramos ilustrar esto de la siguiente manera. Entre la marea alta y la marea baja existe lo que se llama "la marea media", que es el nivel del mar. Bueno, existe una forma de vida debajo del nivel del mar. Y, también existe un modo de vida sobre el nivel del mar. Así que en realidad, tenemos dos mundos diferentes. Está el mundo debajo del nivel del mar, y allí existen ciertos elementos químicos en un mundo acuoso. Por encima del nivel del mar hay diferentes combinaciones de elementos químicos en un mundo que es gaseoso. Por debajo del nivel del mar están los peces con aletas. Por encima del nivel del mar están las aves con alas. Son dos formas de vida. Las aves del aire no les dicen a los peces que algo anda mal porque ellos no tienen plumas. En realidad, el mono y el pez barracuda podrían tener algún debate en cuanto a la dirección en la que se encuentra el nivel del mar: para el pez barracuda, está arriba. Para el mono está abajo.

Ahora, Eclesiastés está debajo del sol. La vida cristiana está en los lugares celestiales, donde está Dios. El hombre que vive debajo del sol tendrá un punto de vista diferente al punto de vista de Dios que está "sobre el sol". Así es que, ahora estamos observando dos mundos, dos formas diferentes de vida. La vida debajo del sol es una existencia mundana separada de Dios; mira hacia un futuro y una eternidad sin Dios. Pues, bien, la vida cristiana se encuentra en un contraste completo con esta dimensión terrenal, porque en esa vida las personas han sido salvadas por la gracia de Dios y constituye una manifestación de la gracia divina.

Así es que tenemos aquí dos esferas diferentes y las leyes y principios de una no pueden ser aplicados a la otra. Están tan separados como aquello que está debajo del nivel del mar y aquello que existe sobre el nivel del mar. Como ésta es una realidad, usted, puede estar perdiendo tiempo al repetirle a una persona que no es creyente las palabras del apóstol Pablo en Colosenses 3:1 "Si habéis, pues, resucitado con Cristo, buscad las cosas de arriba, donde está Cristo sentado a la derecha de Dios". Esa persona que le escuche ni siquiera está unida a Cristo; no ha resucitado espiritualmente con Cristo. En consecuencia, no puede buscar las cosas de arriba, las cosas del cielo. Primero tiene que nacer de nuevo espiritualmente para convertirse en una nueva persona. Es que no merece la pena hablar con un alguien que no es cristiano como si fuera una persona que está unida a Cristo, porque no lo está. Sería como intentar explicarle a una tortuga de tierra como volar. A la tortuga de tierra le agrada su medio ambiente natural, que es la tierra y ni siquiera está interesada en volar.

Pues, bien, como hemos visto, Eclesiastés es el registro de los experimentos que Salomón hizo con la vida. Él probó de todo lo que se ofrece debajo del sol, para ver si podía encontrar satisfacción para su alma. Todas las enseñanzas de este libro deben ser interpretadas a la luz de esta perspectiva.

Salomón intentó la búsqueda del conocimiento y llegó a la conclusión en Eclesiastés capítulo 12 versículo 22 que "el mucho estudio es fatiga para el cuerpo". Probó el placer y la conclusión expresada en el capítulo 2 versículo 17 fue: "aborrecí la vida". Probó las riquezas y llegó a la conclusión del capítulo 5 versículo 10, "El que ama el dinero no se saciará de dinero". Después intentó la religión y concluyó que le convertiría en un lunático, en un excéntrico o en un fanático. Luego probó la fama y el buen nombre; intentó practicar la moralidad. Y todo lo que pudo decir fue que todo era vanidad y aflicción de espíritu.

El escritor Thackery escribió una buena novela llamada "La Feria de Las Vanidades". Es la historia de una joven llamada Becky, y está ambientada en la época de las guerras de Napoleón. Nos cuenta sobre la mezquindad y el pecado de las vidas de los personajes, que vivieron sus vidas aparte de Dios. El autor era cristiano. Y concluyó el libro diciendo: "Se acabó el espectáculo, colocamos los títeres de vuelta en la caja. Todo es vanidad y aflicción de espíritu".

De paso, podemos decir que usted podría hacer lo mismo en los centros de entretenimiento y diversión. Hay capitales donde se concentran la fama y las riquezas, donde existe un verdadero monopolio de tranquilizantes y otras drogas. Y también llegará a la conclusión de que la vida se queda vacía sin Dios y sin Cristo.

Fue Agustín quien nos dejó en sus Confesiones (libro I, sección 1) aquella expresión citada con tanta frecuencia: "Tú nos has hecho para ti mismo, y el corazón del hombre permanecerá inquieto hasta que descanse en Ti". El corazón humano ha sido creado de tal manera que usted podría colocar todo el mundo dentro del mismo, y aún no quedaría lleno.

Y así hemos visto como Eclesiastés ha sido utilizado para apoyar diversas ideologías, que no aportan respuestas a los problemas del alma humana, Cristo es la respuesta. La única respuesta. Todas las otras vías conducen a la vaciedad y a la frustración. Sólo en el Señor Jesucristo se encuentra la vida abundante.

Ahora, con todo esto en mente, examinemos este capítulo 9, y leamos lo que dice aquí el primer versículo:

*"Ciertamente me he dado de corazón a todas estas cosas, para poder declarar que los justos y los sabios, y sus obras, están en la mano de Dios. Y que los hombres ni siquiera saben qué es amor o qué es odio, aunque todo está delante de ellos".*

Es decir, el escritor no estaba preocupado acerca del futuro. La eternidad era una dimensión en la cual ni siquiera pensaba porque no sabía nada sobre ella. Y el versículo 2, dijo:

*"Todo acontece de la misma manera a todos; lo mismo les ocurre al justo y al malvado, al bueno, al puro y al impuro, al que sacrifica y al que no sacrifica; lo mismo al bueno que al pecador, tanto al que jura como al que teme jurar".*

Al escritor le parece que da lo mismo en qué dirección se encamine uno. Porque de cualquier manera, el resultado será siempre el mismo. Recordemos que ésta no es la respuesta de Dios. Ésta es forma en que el hombre que vive debajo del sol observa las vidas de las personas a su alrededor. Y leamos ahora, el versículo 3:

*"Este mal hay entre todo lo que se hace debajo del sol: que un mismo suceso acontece a todos, y que el corazón de los hijos de los hombres está lleno de mal y de insensatez durante toda su vida. Y que después de esto se van con los muertos".*

Entonces, ¿por qué trabajar? La vida sería como una gran lotería y usted sería una víctima de las circunstancias. La persona que ha tenido la suerte de ganar el premio debería compartirlo con usted. Las filosofías de nuestro tiempo no están diciendo nada nuevo. Alguien ya trató de basar una ideología política en este pensamiento y pensó que había creado un sistema nuevo. Pero, Salomón ya lo había expresado con mucha anterioridad. Notemos ahora, lo que dice el versículo 4, de este capítulo 9 de Eclesiastés:

*"Aún hay esperanza para todo aquel que está entre los vivos, pues mejor es perro vivo que león muerto".*

Si usted sigue toda esta premisa, la mejor opción sería entonces: comamos y bebamos que mañana moriremos. Entonces no hay mayor diferencia si usted es sabio o insensato. Y aun así es mejor estar vivo que muerto, incluso si usted vive como un insensato. Como dice aquí, "mejor es perro vivo que león muerto", Leamos, el versículo 5:

*"Porque los que viven saben que han de morir, pero los muertos nada saben, ni tienen más recompensa. Su memoria cae en el olvido".*

De aquí surgió esa idea de que el alma duerme (y también del versículo 10). Aquí tenemos la filosofía del hombre debajo del sol, el hombre terrenal. Ésta es la conclusión a la cual se llega si la muerte es el fin, y si no hay nada después de la muerte. Es por tal motivo que él dijo que era mejor un perro vivo que un león muerto.

Dios nos ha dicho qué sucede después de la muerte. El cuerpo es colocado en la tumba, y es el cuerpo el que descansa en esa tumba. La Biblia deja bien claro que el alma del hijo de Dios va a estar con el Señor. Por ello pudo escribir el apóstol Pablo las siguientes palabras en 2 Corintios 5:6-8; "6Así que vivimos confiados siempre, y sabiendo que entre tanto que estamos en el cuerpo, estamos ausentes del Señor 7(porque por fe andamos, no por vista). 8Pero estamos confiados, y más aún queremos estar ausentes del cuerpo y presentes al Señor". El alma, la persona real, va a estar con el Señor. Como dice aquí, "ausentes del cuerpo y presentes al Señor". Los cuerpos en los que usted y yo estamos viviendo son solamente nuestras tiendas, nuestra morada terrenal, de las cuales nos iremos algún día. Así que, como acabamos de comprobar, el sueño del alma ni siquiera es un punto de vista cristiano.

Ahora, el versículo 6, de este capítulo 9 de Eclesiastés, dice:

*"También perecen su amor, su odio y su envidia; y ya nunca más tendrán parte en todo lo que se hace debajo del sol".*

En un principio ya dijimos que éste era un capítulo triste. Considera a la vida como vana, vacía, sin propósito y sin significado. Si la muerte es el final de todas las cosas, entonces, el ser humano es simplemente como un animal. Un evolucionista diría que el hombre fue una vez, en el pasado, un animal. Y este hombre terrenal que vive debajo del sol dice que el hombre es como un animal ahora. El resultado final de ambos es el mismo. El hombre muere como un animal.

¡Qué diferente resulta para nosotros saber que procedemos de la mano creativa de Dios, y que vamos a volver a Él! Ahora, el versículo 7, dice:

*"Anda, come tu pan con gozo y bebe tu vino con alegre corazón, porque tus obras ya son agradables a Dios".*

La persona que rige su vida por el principio de las buenas obras pensando que la muerte es el final de todas las cosas, encuentra una satisfacción momentánea en placeres como la comida y bebida. Pero acaba dándose cuenta de que su vida es una sucesión monótona sin motivación ni propósito. Y dice el versículo 8:

*"Que en todo tiempo sean blancos tus vestidos y nunca falte perfume sobre tu cabeza".*

Para el que está centrado en esta tierra es importante guardar una buena apariencia de distinción delante de los demás. Y el versículo 9, dice:

*"Goza de la vida con la mujer que amas, todos los días de la vida vana que te son dados debajo del sol, todos los días de tu vanidad. Ésta es tu recompensa en la vida, y en el trabajo con que te afanas debajo del sol".*

El escritor aconsejó disfrutar del matrimonio. Hay muchos matrimonios de personas no cristianas que están disfrutando de su vida juntos. Por supuesto, pasan por sus problemas y sus días oscuros, pero su actitud es la de encarar su vida lo mejor que puedan.

Ahora llegamos a otro versículo en el cual algunos basan su teoría del sueño del alma. Leamos el versículo 10:

*"Todo lo que te venga a mano para hacer, hazlo según tus fuerzas, porque en el sepulcro, adonde vas, no hay obra, ni trabajo ni ciencia ni sabiduría".*

Por supuesto que así es. Porque cuando uno coloca a este cuerpo en el sepulcro, este cuerpo que hoy puede moverse para trabajar, o utilizar su cerebro para estudiar o realizar ciertas actividades mentales, cuando usted lo coloca en la sepultura, no podrá realizar ningún tipo de actividad. Salomón estaba hablando solamente del cuerpo, al decir "todo lo que te venga a mano para hacer, hazlo según tus fuerzas". Estaba hablando de la mano, no del alma. Y es la mano la que será colocada en la tumba. Si usted es un hijo de Dios, irá a la presencia del Señor. Si no es un hijo de Dios, irá a la morada de los muertos hasta que sea resucitado para ser juzgado. Así que todo no termina con esta vida. Es evidente que este libro no enseña el sueño del alma.

Llegamos ahora al versículo 11, que habla acerca de la injusticia social y los grupos minoritarios. Escuchemos lo que dice el versículo 11, de este capítulo 9 de Eclesiastés:

*"Me volví, y vi debajo del sol que ni es de los veloces la carrera, ni de los fuertes la guerra, ni aun de los sabios el pan, ni de los prudentes las riquezas, ni de los elocuentes el favor; pues a todos les llega el tiempo y la ocasión".*

Las observaciones del hombre terrenal debajo del sol le llevan a creer que esta vida es una cuestión del tiempo y del azar. No es más que una gran lotería. Y si a usted le toca nacer en una raza, tendrá unos problemas; si nace en otra, tendrá otros problemas. Todo queda librado al azar y usted no puede hacer nada al respecto. Éste es el pensamiento que predomina aquí. Continuemos leyendo el versículo 12:

*"Ahora bien, el hombre tampoco conoce su tiempo: Como los peces apresados en la mala red, o como las aves que se enredan en el lazo, así se*

*ven atrapados los hijos de los hombres por el tiempo malo, cuando cae de repente sobre ellos".*

Si el tiempo y el azar son los factores reguladores de la vida, entonces usted es tan indefenso como el pez atrapado en una red. Y no hay nada que usted pueda hacer para cambiar ese destino. Éste es un punto de vista terrible, y la peor clase de fatalismo. Para el que vive sólo para realizar buenas obras en esta vida, no hay otra explicación y él está obligado a llegar a esta filosofía fatalista.

Ahora Salomón presentó una pequeña parábola. Leamos el versículo 14:

*"Había una pequeña ciudad, con pocos habitantes, y vino un gran rey que le puso sitio y levantó contra ella grandes baluartes"*

Escuche con atención, porque aquí hay una parábola. ¿Está usted sensibilizado por la situación de los oprimidos, los grupos minoritarios y los despreciados? Deberá tener en cuenta el fracaso de los recursos humanos para erradicar la pobreza, los abusos y la discriminación. Como muchas veces en el pasado y a lo largo de la historia, en esta historia aparece un rey poderoso. No será la última vez que esto ocurra y en esta ocasión, los habitantes de la ciudad se convirtieron en prisioneros, sin poder evitar el gran despliegue de fuerzas que los asediaban. Esta parábola parece representativa de toda la historia, que se ha caracterizado por las guerras, los abusos del poder, la injusticia y la opresión. ¿Cuánto tiempo más cree usted que Dios le debería dar al hombre para que intente acabar con los abusos del poder, la injusticia, y la opresión?

# Eclesiastés 9:14 - 10:10

Vamos a finalizar el capítulo 9 de este Libro de Eclesiastés, y seguramente usted está de acuerdo con nosotros en que Éste es un capítulo pesimista. Nos presenta el punto de vista del hombre terrenal, que vive debajo del sol. Son las conclusiones equivocadas a las que ha llegado este hombre y su pseudo-filosofía se debe a su ignorancia, a sus prejuicios y a sus falsas premisas basadas en su situación debajo del sol, apartado de Dios.

Hemos visto su conclusión, y ésta es que todos los seres humanos llegarán al mismo lugar. Con esto debemos decir que hay muchas cosas que este hombre ve que son obvias, pero las conclusiones a las que llega están equivocadas. Luego, vimos que la muerte provee una integración total y que todos son iguales en la muerte. Es decir, que la muerte es el gran proceso nivelador, y eso es cierto.

Al leer el versículo 12 comentamos que si el tiempo y el azar son los factores reguladores de la vida, entonces usted está tan indefenso como el pez atrapado en una red. Y no hay nada que usted pueda hacer para cambiar ese destino. Éste es un punto de vista terrible, y la peor clase de fatalismo. Para el que vive sólo para realizar buenas obras en esta vida, no hay otra explicación y está obligado a llegar a esta filosofía fatalista.

Ahora Salomón presentó una pequeña parábola. Leamos el versículo 14:

*"Había una pequeña ciudad, con pocos habitantes, y vino un gran rey que le puso sitio y levantó contra ella grandes baluartes"*

Escuche con atención, porque aquí hay una parábola. ¿Está usted sensibilizado por la situación de los oprimidos, los grupos minoritarios y los despreciados? Deberá tener en cuenta el fracaso de los recursos humanos para erradicar la pobreza, los abusos y la discriminación. Como muchas veces en el pasado y a lo largo de la historia, en esta historia aparece un rey poderoso. No será la última vez que esto ocurra y en esta ocasión, los habitantes de la ciudad se convirtieron en prisioneros, sin poder evitar el gran despliegue de fuerzas de los que los asediaban. Esta parábola parece representativa de toda la historia, que se ha caracterizado por las guerras, los abusos del poder, la injusticia y la opresión. ¿Cuánto tiempo más cree usted que Dios le debería dar al hombre para que intente acabar con los abusos del poder, la injusticia, y la opresión?

Ahora en el versículo 15, de este capítulo 9 de Eclesiastés, leemos:

*"Pero en ella se hallaba un hombre pobre y sabio, el cual libró a la ciudad con su sabiduría. ¡Y nadie se acordaba de aquel hombre pobre!"*

¿Y quién era ese hombre que vino y liberó a esa ciudad? Su nombre era sabiduría; y sabiduría es otro nombre para Cristo, pues en primera de Corintios capítulo 1 y versículo 30 leímos que Dios ha hecho a Cristo nuestra sabiduría. Y Cristo vino a esta tierra en pobreza. Es por eso por lo que Él pudo decir en Mateo 8:20: "Las zorras tienen guaridas, y las aves del cielo, nidos; pero el Hijo del Hombre no tiene dónde recostar su cabeza". En esta tierra Cristo fue, pues, un hombre pobre. Ahora, pasando a los versículos 16 y 17, de este capítulo 9 de Eclesiastés, leemos:

*"Entonces dije yo: Mejor es la sabiduría que la fuerza, aunque la ciencia del pobre sea menospreciada y no sean escuchadas sus palabras. Las palabras serenas del sabio son mejores que el clamor del señor entre los necios".*

Finalmente, la voz del Señor Jesucristo prevalecerá. Cuando Él venga, Su voz será como el grito de un arcángel y como el sonido de una trompeta (1 Tesalonicenses 4:16) Hoy puede escucharse un gran murmullo de voces en este mundo, pero llegará un día en el que Su voz se impondrá en esta tierra a todas las demás. Ahora, el versículo 18, de este capítulo 9 de Eclesiastés, dice:

*"Mejor es la sabiduría que las armas de guerra; pero un solo error destruye mucho bien".*

Y aquí tenemos la conclusión a la que llega este capítulo 9 y es que la sabiduría es mejor que las armas de guerra. Y Cristo, es superior a la energía nuclear.

Ahora bien, aquí dice "mejor es la sabiduría que las armas de guerra". Y eso es cierto en el mundo de hoy en día. Usted ha podido observar a los grandes trasatlánticos en la actualidad, que recorren grandes distancias en los mares sin tener la ruta marcada en el agua y con toda facilidad, los pilotos y sus grandes navíos pueden llevar a esos barcos y a sus pasajeros a sus respectivos destinos. ¿Y cómo pueden hacerlo? Bueno, lo hacen siguiendo los sabios principios que fueron establecidos por un filósofo griego poco conocido hace muchos años, que realizó investigaciones en geometría. Realmente, mejor es la sabiduría que las armas de guerra.

Y luego, viene la frase "pero un solo error destruye mucho bien". Otra versión traduce: "pero un solo pecador destruye mucho bien". La vida de un individuo puede ejercer mucha influencia. Y la influencia siempre es más fuerte cuando se la utiliza en la dirección equivocada. La historia ha confirmado esta realidad.

Bueno, podemos observar la historia. El pecado de Adán ha afectado a toda la raza humana. Durante la conquista de Canaán, Acán pecó y en consecuencia, toda una nación sufrió una derrota. Y tuvieron que tratar el pecado de Acán antes que pudieran lograr una victoria. El rey Roboam dividió al reino de Israel. Siglos más tarde, en los tiempos de la iglesia en el Nuevo Testamento, el pecado de Ananías y Safira produjo el primer grave incidente a la iglesia primitiva y a partir de aquellos días, la iglesia ya no actuaría tan poderosamente como lo hizo al principio.

Usted y yo, tenemos una cierta influencia ya sea para el bien o para el mal. No importa quien sea usted, ocupa un lugar de influencia. Como dijo el apóstol Pablo en Romanos capítulo14 versículo 7, ninguno de nosotros vive para sí mismo, ni tampoco muere para sí. Es como si usted fuera un predicador, un propagador de una idea. Nadie puede evitar el ser un comunicador de algo y por la clase de vida que vive ejerce una influencia sobre los demás.

Creemos que el que realiza buenas obras y presume de su vida moral aparte de Dios, es un gran obstáculo para otros. Es como si bloquease a otros el camino hacia Dios porque su mensaje es: "Vivid como yo vivo, sin Dios. Simplemente hago buenas obras". Ese mensaje constituye pues un estorbo, creando una confusión en los demás.

Y usted, no importa donde esté ni quien sea, usted es también un comunicador. Usted está transmitiendo con su vida algún mensaje a quienes le rodean en círculo amplio de la sociedad humana. Usted puede influenciar a su vecindario, a su comunidad más próxima. Puede ser de influencia a otros cristianos en su iglesia, quienes le observan para comprobar si usted se toma en serio su relación con Dios y su relación con la iglesia. Y en el más pequeño de los círculos, que es la familia, usted está afectando la vida de otras personas.

Recordemos que el apóstol Pedro predicó un elocuente mensaje en el día de Pentecostés. Andrés estaba allí escuchándole y habrá podido decir: "Éste es mi hermano. Yo se lo presenté a Cristo". Y ésa fue la influencia de Andrés. Usted, con sus palabras y acciones, con su vida, está señalando ante los demás al cielo o al infierno. Ahora, si usted quiere ir al infierno, eso es cosa suya. Pero no tiene derecho a guiar hacia allí a un niño, a su familia, o a otras personas cercanas a usted. ¡Es terrible el guiar a otros de esa manera! Tenemos influencia sobre otros, y ésa es una gran responsabilidad. Reflexionemos sobre ello.

Seguimos ahora adelante y llegamos al:

## Capítulo 10

Podemos ver aquí que las injusticias de la vida sugieren la adopción de una forma de vivir moderada. Escuchemos lo que dice aquí el primer versículo de este capítulo 10:

*"Las moscas muertas hacen oler mal y corrompen el perfume del perfumista; así es una pequeña locura al que es estimado como sabio y honorable".*

La vida nos ofrece una completa ilustración de esta verdad. una noche de diversión en la ciudad puede provocar que usted viva en la oscuridad toda su vida, soportando alguna enfermedad y aun que tenga que enfrentarse a la muerte. Conocemos varios ejemplos que en la vida real dan testimonio de esas experiencias; varias personas nos han manifestado su amargura al no haber podido rectificar un error, una acción sola que malogró el resto de sus vidas.

Conocemos muchos casos de padres que han pasado años ocupados en la formación de su hijo y apoyándole en sus estudios, para que luego aparezca una amistad perjudicial, un joven o una joven, que le arrastran a realizar una acción que le desvía totalmente de su carrera, de sus metas y le transforma en una persona fracasada. Y así, una pequeña locura, una pequeña muestra de insensatez fue todo lo que hizo falta para malograr, para arruinar la vida de una persona normalmente sabia y sensata, y para afectar gravemente la vida de las personas más allegadas. escuche estas palabras de este primer versículo expresadas por otra versión: "Las moscas muertas apestan y echan a perder el buen perfume. Pesa más una pequeña necedad que la sabiduría y la honra juntas". Ésta es realmente, una trágica realidad.

Ahora, el segundo versículo de este capítulo 10, dice:

*"El corazón del sabio está a su mano derecha, mas el corazón del necio a su mano izquierda".*

La mano derecha es la mano que representa a la fortaleza. Por ello dice que el corazón del sabio lo guía hacia la mano derecha. Todo lo que él hace, lo hace con todo su corazón. No lo hace de mala gana, a regañadientes. Y el corazón del necio le guía hacia su mano izquierda. Él hace las cosas sin entusiasmo, sin interés.

¿Cómo se aplica esta ilustración a la vida? todo lo que usted lleve a cabo en la vida, hágalo de corazón. Si usted va a servir a Dios no lo haga con reticencia, sino con alegría y emoción. No haga de la vida cristiana algo penoso y triste. Haga de ella algo que realmente merezca la pena. Cualquier cosa que haga, hágala con entusiasmo. Y el versículo 3, dice:

*"Aun mientras va de camino, al necio le falta cordura, y va diciendo a todos que es necio".*

Un necio no necesita llevar un cartel que le identifique como un necio. La verdad es que todo lo que tiene que hacer es abrir su boca. Y a veces ni siquiera tiene que abrir su boca para demostrar que es un insensato. Así que la Biblia le llama un necio, y él les confirma a todos que, efectivamente, lo es. Ahora, el versículo 4, dice:

*"Aunque el ánimo del gobernante se exalte contra ti, no pierdas la calma, porque la mansedumbre hace cesar grandes ofensas".*

Es decir, si usted no puede luchar contra ellos, una sus fuerzas con las de sus rivales. Eso es exactamente lo que piensa el hombre terrenal, el que vive y piensa debajo del sol.

Notemos ahora lo que dicen los versículos 5 y 6, de este capítulo 10 de Eclesiastés:

*"Hay un mal que he visto debajo del sol, a manera de error emanado del gobernante: que la necedad está colocada en muchos lugares elevados, mientras los ricos se sientan en lugares humildes".*

Y ésta es una de las cosas que ocurre en nuestra época. Se le ha otorgado una dignidad al pecado. Hubo un tiempo en el que el pecado era algo despreciable que sólo se encontraba en ciertas zonas de la ciudad. Se lo consideraba algo sucio, obsceno, grosero. Tenía la imagen de algo bajo, ruin. Pero en el día de hoy, el pecado se ha trasladado a las mejores zonas de la ciudad. Y se comete con mucha dignidad. Se le ha dado un lugar muy importante. Y ocupa un lugar muy destacado en algunos programas de televisión, en los cuales algunos de los entrevistados lo exhiben incluso como una muestra de distinción, como una señal de que se mueven en ambientes de alto nivel. Y si encima demuestran tener una personalidad excéntrica o incontrolada, o agresiva, provocan una corriente de simpatía a su favor.

En cambio, las entrevistas concedidas a ciudadanos normales, a cristianos, no son rentables para ese medio de difusión, porque tienen muy baja audiencia. Y sin embargo, ellos son los que están haciendo la mejor contribución al bienestar de su comunidad y de la sociedad en general. Y así, ellos ocupan un lugar más bajo en las preferencias de la gente. Por ello y como lo expresa otra versión de este versículo 6, "al necio se le dan muchos puestos elevados, pero a los capaces se les dan los puestos más bajos". Escuchemos ahora lo que dice ahora, el versículo 7, de este capítulo 10 de Eclesiastés:

*"He visto siervos a caballo, y príncipes caminando como siervos sobre la tierra".*

El trabajar duro, ahorrar su dinero, y estudiar mucho, hasta muy tarde, no siempre quiere decir que un día usted llegará a obtener éxito. Quizá el insensato o perezoso que vive al lado de su casa pueda heredar millones. Y eso suele ocurrir en el día de hoy. A veces los que afrontan la lucha por la vida con el mínimo esfuerzo, o aprovechando los esfuerzos de los demás, son los que ocupan las posiciones más elevadas de la sociedad. Ésa es la imagen que nos deja este versículo.

Conocemos también a destacados cristianos, que tienen un carácter humilde. Algunos viven en hogares modestos y otros se encuentran en una posición económica acomodada. Sin embargo, al llevar una vida normal, no se destacan por su popularidad. Son, como dice el versículo 7, "príncipes caminando como siervos sobre la tierra".

Continuemos leyendo el versículo siguiente, el 8 del décimo capítulo de Eclesiastés:

*"El que haga un hoyo caerá en él; y al que abra brecha en un muro, lo muerde la serpiente".*

Sería una insensatez que usted creyera que puede pecar y salirse con la suya evitando las consecuencias, especialmente si es un hijo de Dios. Puede que Dios no actúe inmediatamente, pero todo lo que usted necesita hacer, es esperar, y Él finalmente le juzgará por ello. A través de los años hemos podido observar que ocurre de esta manera. Hemos observado a creyentes que han cometido graves errores, y nunca han podido escapar a las consecuencias. En algún punto de su vida Dios comienza a actuar, y los disciplina como el padre a sus hijos. Ahora, notemos lo que dice aquí el versículo 9:

*"Quien corta piedras, se hiere con ellas; el que parte leña, en ello peligra".*

El que cortaba o removía piedras en aquellos días, estaba removiendo las señales que demarcaban las propiedades. Aquí se está afirmando otra vez que uno no puede evitar las consecuencias del pecado. Como dijo el apóstol Pablo a los Gálatas en 6:7, "todo lo que el hombre siembre, eso también segará". Si alguien trata de engañar a alguien en cuanto a lo que legítimamente le pertenece, o intenta abusar de alguna otra forma, Dios se ocupará de que el abusador reciba su pago. Por tal motivo el Señor Jesucristo nos dijo, en Romanos 12:19: "No os venguéis vosotros mismos, amados míos, sino dejad lugar a la ira de Dios; porque escrito está: Mía es la venganza, yo pagaré, dice el Señor". Él ajustará cuentas con el ofensor y pondrá las cosas en su sitio. Luego, el versículo 10, dice:

*"Si se embota el hierro y su filo no es amolado, hay que aumentar el esfuerzo; lo provechoso es emplear la sabiduría".*

Si el azadón con que usted trabaja pierde su filo, si usted conoce bien su profesión, lo afilará, porque si no, va a ser mucho más difícil el tratar de trabajar cavando en la tierra con él. Y desgraciadamente, y figurativamente hablando, cuánta gente no está dispuesta hoy a hacer lo necesario para afilar el azadón. Hoy, incluso en la vida cristiana, muchos quieren lanzarse a servir a Dios sin tener en cuenta la importancia de una buena preparación personal. El consejo aquí es preparar bien las herramientas de trabajo. Que nadie espere cortar muchas malas hierbas con un azadón desafilado. Primero hay que afilarlo y recién entonces salir al camino a cortar con eficacia la maleza. Es evidente que este libro de Eclesiastés contiene grandes lecciones para la vida práctica que haremos bien en aplicar. Realmente, es un libro fuera de lo corriente.

# Eclesiastés 10:11 - 11:10

Regresamos hoy al capítulo 10 de este Libro de Eclesiastés que estamos estudiando y vamos a considerar lo que aquí se dice a partir del versículo 11. Permítanos recordarle que todavía nos encontramos en esta sección que llamamos "buscando la satisfacción en la moralidad". Es decir, la vida caracterizada por buenas obras. Éste era una búsqueda un experimento que Salomón estaba realizando. Éste fue el último experimento que él hizo, y, probablemente, pasó más tiempo en éste que en cualquiera de los otros que realizó. La sección más extensa trata con este período en particular.

Comencemos pues nuestra lectura con el versículo 11, de este capítulo 10 de Eclesiastés:

> *"Si la serpiente muerde antes de ser encantada, de nada sirve el encantador".*

Es necesario que comprendamos bien las costumbres del oriente si vamos a entender lo que este versículo nos está diciendo. Es muy similar al pasaje Bíblico que se encuentra en el Libro de los Salmos 58:4 y 5. Allí el rey David nos presentó una referencia a las serpientes, y la forma en que actúan y dijo: "Veneno tienen como veneno de serpiente; son como la víbora sorda que cierra su oído, que no oye la voz de los que encantan, por más hábil que sea el encantador". En otro pasaje tenemos también la misma idea. Se trata de Jeremías 8:17, que dice: "Yo envío sobre vosotros serpientes, víboras contra las cuales no hay encantamiento, y os morderán, dice el Señor".

La víbora es un reptil, una serpiente que tiene un veneno mortal, como ya bien sabemos. Seguramente usted alguna vez habrá visto a alguno de esos fakires de la India, una persona que está sentada en el suelo con una pequeña flauta en la que interpreta una melodía un poco triste para encantar a una cobra que se encuentra en una canasta de mimbre. La serpiente efectúa movimientos ondulatorios siguiendo el sonido de la flauta. La cobra no atacará mientras permanezca el sonido de la flauta. Pero hay ocasiones en que la serpiente no escucha y, entonces, puede atacar; y cuando lo hace puede resultar mortífera.

En los pasajes que hemos mencionado, no creemos que los escritores se estén refiriendo a serpientes de una forma literal. Pensamos que se están refiriendo a aquellas personas que llamamos charlatanes, que le pueden engañar, que pueden traicionarlo. Por ejemplo, personas parecidas a Judas Iscariote, el que traicionó a Jesús. Después de todo, eso es lo que según la Biblia el Anticristo hará con la nación de Israel en el período de la gran tribulación.

Aun entre los cristianos usted encontrará personas que hablan y no deberían hablar, porque dicen cosas que no son ciertas. Por ello dijo Salomón en este versículo 11, "Si la serpiente muerde antes de ser encantada, de nada sirve el encantador". Puede que esa persona se haga pasar por amiga suya, pero le morderá como una serpiente, aunque usted se haya portado bien con ella.

Ésa fue la clase de pena que David sintió cuando su amigo Ahitofel se volvió en contra de él. Ahitofel había sido su consejero y su amigo personal, pero abandonó a David y se fue con Absalón cuando éste se rebeló contra su padre David. Esa experiencia quebrantó el corazón de David. Creemos que David fue un hombre quebrantado después de la rebelión de Absalón. Hasta ese momento, cuando David estaba en su apogeo, dudamos que haya habido un rey como David. Después de esa traición y rebelión, David se convirtió en un anciano y en el Salmo 55 derramó la tristeza de su corazón. Ésta es la imagen de nos deja este versículo 11.

Salomón estaba diciendo que, ante la posibilidad que esto sucediera, uno debería tener mucho cuidado. Podríamos decir que ésta es la filosofía de la vida en una persona corriente de nuestro tiempo. Es la persona que hace buenas obras siempre y cuando, ello no le comprometa con nadie, ni le suponga problema alguno. Seguramente le habrá dicho que tenga cuidado con tal o cual persona porque puede repetir lo que ella dijo y cambiarlo, tergiversarlo. Así que cuando se encuentre con tales personas, será muy amable con ellas, pero tendrá mucho cuidado con lo que les diga.

A veces parece que deberíamos realmente confrontar a esa clase de persona que toma los hechos y los distorsiona, señalándole exactamente lo que está haciendo. Sin embargo, por la experiencia hemos visto que si uno se enfrenta con ciertas personas, será atacado con agresividad. Notemos ahora lo que dice el versículo 12, de este capítulo 10:

*"Las palabras del sabio están llenas de gracia, mas los labios del necio causan su propia ruina".*

Bien dice aquí que "los labios del necio causan su propia ruina", y habría que añadir que también a aquellos que le rodean. Es por tal motivo que deberíamos ser cuidadosos al entablar amistades y elegir amigos de calidad.

Hay algunos profesores en los colegios y universidades que advierten a los estudiantes nuevos diciéndoles: "Ustedes van a hacer nuevas amistades aquí y algunas de ellas durarán a través de toda la vida. Quizá algunos de ustedes hasta lleguen a encontrar aquí a su futura esposa o esposo, (y en algunos casos así sucede), pero deben tener cuidado con los amigos que elijan", Y estas palabras nos parecen apropiadas.

También cuando nuestros hijos comienzan a estudiar es bueno darles un consejo como éste. Diciéndoles que tienen una gran oportunidad de conseguir amigos excelentes, pero que deben tener cuidado porque algunos pueden llegar a malograr sus vidas.

Es que hay personas que son como áspides o serpientes. Si uno es amable con ellos y puede despertar su simpatía, las cosas irán bien. Pero hay que ser prudentes en la manera de actuar delante de ellos. Éste es un buen consejo para aquella persona que desea tener una actitud diplomática, y a quien le agrada guardar el término medio para no meterse en problemas. Ahora, en los versículos 13 y 14 de este capítulo 10, leemos:

*"El comienzo de las palabras de su boca es necedad; el final de su charla, nocivo desvarío. El necio multiplica sus palabras. Si nadie sabe lo que ha de acontecer, ¿quién le hará saber lo que después de él será?"*

Esto es cierto y sucede en la realidad. Seguramente usted habrá notado que por lo general cuando uno se reúne con un grupo para tratar algún tema, siempre hay una persona que es especialmente locuaz. A veces esa persona monopoliza toda la conversación y dirá cosas insensatas o absurdas. E inmediatamente el grupo comienza a desear que tal persona se calle la boca y suele ser difícil lograr que deje de hablar e interrumpir a los demás. Para evitarlo, algunos conferenciantes, al llegar al período del coloquio, les piden a los presentes que escriban sus preguntas y se las hagan llegar. Parece ser la única forma de evitar que surja alguna persona excesivamente locuaz que lo único que busca es resaltar su protagonismo o introducir problemas. Alguien ha dicho que hay personas cuyos cerebros transmiten a la boca la orden de hablar, y después, el cerebro deja de funcionar mientras la boca sigue emitiendo sonidos.

Sigamos adelante ahora y leamos lo que dice el versículo 15:

*"Tanto fatiga a los necios el trabajo, que ni aun saben por dónde ir a la ciudad".*

Ésta es una expresión proverbial que indica una ignorancia extrema, tal como otra expresión contemporánea que hay personas que ni siquiera sabrían cómo salirse de la lluvia. Luego, el versículo 16, dice:

*"¡Ay de ti, tierra, cuando tu rey es un muchacho, y tus príncipes banquetean desde la mañana!"*

Aquí está hablando de quienes se entregan completamente al placer en vez de gobernar adecuadamente a su pueblo, de manera que no son una bendición para su pueblo. Luego, dice en el versículo 17:

*"¡Bienaventurada tú, tierra, cuando tu rey es hijo de nobles y tus príncipes comen a su hora para reponer sus fuerzas y no para beber!"*

Diríamos que uno de los problemas principales en la mayoría de las naciones del presente no son las drogas, sino la bebida. Nos referimos al alcohol. Existen en la actualidad millones de personas alcohólicas. En muchos países el alcoholismo produce alarma social. Las autoridades sanitarias advierten sobre los efectos destructivos que sufre una persona alcohólica en su organismo y las autoridades de tráfico han endurecido notablemente la legislación y el control sobre los conductores, debido al elevado número de accidentes provocados por personas que conducen bajo los efectos de la bebida. Un factor alarmante es también comprobar que los jóvenes comienzan a beber alcohol sin control antes de llegar incluso a la adolescencia. En este versículo vemos el contraste con el versículo anterior, porque aquí los gobernantes dan a su pueblo un ejemplo de trabajo, dedicación total y sobriedad. Ahora, el versículo 18, de este capítulo 10 de Eclesiastés, nos dice:

*"Por la pereza se cae la techumbre, y por cruzarse de brazos hay goteras en la casa".*

Aquí tenemos una severa crítica contra la pereza, contra el negarse a los trabajos más elementales e indispensables en la esfera del hogar. A veces cuando las personas se saludan con frases como "que tengas un buen día" o "tómalo con calma" lo que se quiere desear a la otra persona es que tenga que trabajar lo menos posible y que se divierta, que lo pase lo mejor que pueda. Ahora, el versículo 19, dice:

*"Por placer se hace el banquete, el vino alegra a los vivos y el dinero responde por todo".*

Otra versión traduce este versículo de esta manera: "Para alegrarse, el pan; para gozar, el vino, para disfrutarlo, el dinero". Algunas personas que tienen grandes recursos económicos piensan que el dinero puede satisfacer todos sus deseos. Continuemos ahora con el versículo 20, que dice:

*"Ni aun en tu pensamiento hables mal del rey, ni en lo secreto de tu cámara hables mal del rico; porque las aves del cielo llevarán la voz, los seres alados se lo harán saber".*

Este versículo nos dice "Ni aun en tu pensamiento hables mal del rey". El gobernante, por razón de su cargo, merece respeto y no debería ser ridiculizado. En el Nuevo Testamento el apóstol Pedro dijo en su primera carta, capítulo 2, versículo 17, "Honrad al rey". Y, por supuesto, lo mismo se aplica a los que dirigen una nación bajo otras formas de gobierno.

Llegamos ahora al:

## Capítulo 11

De este Libro de Eclesiastés y aquí encontramos el mejor curso de acción a seguir por parte de aquellos que basan su relación con Dios en la práctica de buenas obras, para aquellos que proclaman vivir de acuerdo con sus principios morales, que no quieren comprometerse con nada, sino que más bien adoptan una posición intermedia, neutral. Desde un punto de vista espiritual, no son ni fríos ni calientes. En el versículo 1, de este capítulo 11, leemos:

*"Echa tu pan sobre las aguas; después de muchos días lo hallarás".*

Ésta es una invitación a realizar buenas acciones. Aunque la recompensa tarde en llegar, esas acciones no quedarán sin recompensa. Luego, en el versículo 2 leemos:

*"Reparte a siete, y aun a ocho, porque no sabes qué mal ha de venir sobre la tierra".*

O sea, que cuando usted esté haciendo el bien, trate de ayudar a más de una persona. Trate de ayudar a varias, porque quizá usted tenga problemas en el futuro y, entonces, muchas personas estarán dispuestas a ayudarle.

Recordemos que el Señor Jesucristo presentó una parábola tratando este mismo tema, que fue registrada en Lucas 16. En esa ocasión habló de un mayordomo "injusto" que, en realidad, robaba. Ganó amigos para sí mismo rebajándoles la deuda que tenían con su amo, para que cuando se quedara sin trabajo, pudiera acudir a ellos a pedirles ayuda. Ahora, en el versículo 3, leemos:

*"Si las nubes están llenas de agua, obre la tierra la derramarán; y si el árbol cae hacia el sur, o hacia el norte, en el lugar donde el árbol caiga, allí quedará".*

Si se pronostica lluvia, hay que tomarlo en serio y prepararse. Después de que caiga un árbol grande, resulta difícil moverlo de su lugar. ¿Qué se está queriendo decir aquí? Que es mejor tener una idea y comprensión clara de una situación al mismo principio de esta, antes de lanzarse a una empresa porque, después que se comienza, es muy difícil realizar cambios. Ahora, en el versículo 4, leemos:

*"El que al viento observa, no sembrará, y el que a las nubes mira, no segará".*

Éste es un consejo para actuar sabiamente en todo lo que uno haga. Si alguien quiere sembrar semilla, será mejor que espera hasta que no haya viento que pueda dispersar la semilla. Si alguien quiere recoger una cosecha, no comenzará si hay amenazas de lluvia. Siguiendo adelante, el versículo 5, dice:

*"Así como tú no sabes cuál es el camino del viento ni cómo crecen los huesos en el vientre de la mujer encinta, así también ignoras la obra de Dios, el cual hace todas las cosas".*

La formación del feto y el nacimiento físico de un niño son aún hoy grandes misterios. Y el nacimiento espiritual es incluso un misterio mayor. No sabemos cómo actúa el Espíritu Santo. En Juan 3:8 dijo el Señor Jesús: "8El viento sopla de donde quiere, y oyes su sonido, pero no sabes de dónde viene ni a dónde va. Así es todo aquel que nace del Espíritu". Hay que reconocer que ignoramos muchas cosas.

En vista de estas limitaciones la enseñanza aquí es la siguiente: "No permita usted que aquello que no conoce le cause problemas en cuanto a aquello que usted sí conoce". Aunque por una parte reconocemos que Dios ha permitido que algunos detalles de la Biblia queden en el misterio, porque nuestra mente resulta limitada para comprender la totalidad de los planes y propósitos en la historia, por otra parte, es mucho lo que Él nos ha revelado con claridad y que no sólo atañe a la salvación, la vida eterna, sino también abarca los principales aspectos de la Voluntad de Dios para nuestra vida como cristianos. Así que no debemos dejar que lo que no sabemos altere o perjudique lo que sí sabemos. Ahora, leamos en los versículos 7 y 8 de Eclesiastés 11:

*"Suave ciertamente es la luz y agradable a los ojos ver el sol; pero aunque un hombre viva muchos años y en todos ellos tenga alegría, recuerde que los días de las tinieblas serán muchos, y que todo cuanto viene es vanidad".*

O sea, que usted algún día será mayor. Y la vida en la ancianidad no siempre será agradable y placentera. Finalmente por hoy, leamos los versículos 9 y 10:

*"Alégrate, joven, en tu juventud, y tome placer tu corazón en los días de tu adolescencia. Anda según los impulsos de tu corazón y el gusto de tus ojos, pero recuerda que sobre todas estas cosas te juzgará Dios. Quita, pues, de tu corazón el enojo y aparta de tu cuerpo el mal, porque la adolescencia y la juventud son vanidad".*

Recuerde, que si usted es joven ahora es la época de tomar sus decisiones en todas las categorías de la vida. Y es importante que usted tome en estos años las decisiones correctas. ¡Cuántos han desperdiciado, malgastado sus vidas y están viviendo hoy vidas malogradas, a causa de las decisiones equivocadas de su juventud!

Los días de la juventud están vacíos si no son vividos de la manera más adecuada. La vida es un regalo que Dios nos ha dado, un día a la vez; en realidad, un segundo a la vez. Es un don hermoso, y a ha de ser usado para la honra y gloria de Dios. ¿Cuál es el propósito principal del ser humano? El propósito principal es el de honrar, glorificar a Dios y disfrutarle a Él para siempre.

Le sugerimos que lea usted el capítulo 12, último capítulo del Eclesiastés, para que se familiarice con su contenido y esté así mejor preparado.

# Eclesiastés 12

Llegamos al capítulo 12 de este Libro de Eclesiastés que nos presenta un punto de vista pesimista en cuanto a la vida. Hemos visto que Salomón había realizado un experimento en la vida. Probablemente fue el único hombre que ha vivido, y que debido a sus grandes recursos económicos pudo realizar un experimento en todas estas áreas diferentes de la vida. Él trató de encontrar una solución y satisfacción a la vida, aparte de Dios. La expresión clave que encontramos repetida una y otra vez en este Libro es la de debajo del sol. En su primer experimento, Salomón trató de encontrar la solución en la naturaleza, lo que llamaríamos en el día de hoy, las ciencias naturales.

Hay gran cantidad de personas que piensan que si uno regresa a la naturaleza puede encontrar la solución a los problemas. Hoy se produce un gran éxodo de gente que sale del casco urbano de la ciudad hacia los suburbios y aún más lejos, al campo o a las montañas, lugares donde compran o alquilan un piso o casa. El propósito es huir del ruido, la contaminación o el agobio que producen las grandes concentraciones urbanas. Ahora, esto no resolvió los problemas de Salomón, ni tampoco resolverá los nuestros. Así que Salomón probó la filosofía y la sabiduría; el placer, el materialismo, es decir, el tratar de vivir para el "ahora", y después el fatalismo. Y trató de vivir para sí mismo, es decir, que probó el egoísmo. Más adelante intentó la religión y encontró el ritual, pero sin una realidad espiritual. Entonces trató de encontrar la respuesta en las riquezas, pero la codicia hace que el corazón humano sea insaciable. Nunca está satisfecho. Luego Salomón trató de llevar la vida del moralista, pero comprobó que era una existencia insípida. Ésta es la razón por la cual muchos jóvenes se han rebelado contra ese tipo de vida.

Y llegamos ahora a la última conclusión a la que ha llegado Salomón. El último párrafo lo podemos titular:

## Una figura poética de la ancianidad

Este capítulo incluye algo para los jóvenes y para las personas mayores. Así que en este capítulo encontraremos esas dos etapas extremas de la vida. Leamos entonces el versículo 1 de este capítulo 12 de Eclesiastés.

*"Acuérdate de tu Creador en los días de tu juventud, antes que vengan los días malos, y lleguen los años de los cuales digas: No tengo en ellos placer"*

A la luz del hecho de que nada debajo del sol puede satisfacer el corazón humano, Salomón dijo: "Volveos a Dios". Salomón estaba exhortando a los jóvenes que, en su juventud, tomaran una decisión de acercarse a Dios. Al continuar con el relato quedan en evidencia los motivos para tomar esa decisión.

Salomón iba a pintar un cuadro de la edad avanzada, un cuadro que no resultaría muy atractivo. No obstante, es un cuadro real de los seres humanos en la época de la ancianidad. Quizás los jóvenes al leerlo se pregunten si en realidad esa etapa de sus vidas será así. Pero luego, al llegar a cierta edad, tendrán que reconocer que esta descripción de la ancianidad es exacta.

Algunos escépticos dicen: "Yo creo en una religión para aquí y ahora. No estoy interesado en una religión del más allá". Pues bien, aquí en estas páginas tenemos una religión para el aquí y ahora, para esta vida presente, que implica estar debidamente relacionado con Dios y vivir para Él. ¿Por qué? Bueno, miremos al cuadro que Salomón pintó de la tercera edad, cuadró que pintó con mucho realismo. Bueno, escuchemos lo que dijo aquí en el versículo 2, de este capítulo 12 de Eclesiastés:

*"Antes que se oscurezcan el sol y la luz, la luna y las estrellas, y vuelvan las nubes tras la lluvia"*

¿Quiere decir acaso, que los astros que brillan en los cielos se van a apagar? No, quiere decir que su vista no será tan buena como cuando era joven. Y tendrá que recurrir a la ayuda de las gafas para leer.

Y el tiempo pasa, y las malas experiencias se suceden una tras otra. Y dice aquí: "Y vuelvan las nubes tras la lluvia". Una persona puede salir y divertirse mucho, pero después tiene que dedicar dos, o tres o cuatro días para descansar porque el cuerpo humano necesita un mayor tiempo de recuperación física. Luego nos dice el versículo 3:

*"Cuando tiemblen los guardias de la casa y se encorven los hombres fuertes; cuando cesen de trabajar las que muelen, porque habrán disminuido, y se queden a oscuras las que miran por las ventanas"*

Aquí tenemos una descripción del cuerpo, del cuerpo físico en la ancianidad. ¿Cuáles son, entonces, esos guardas de la casa? Creemos que se está refiriendo a las piernas. La persona mayor pierde firmeza y tiene tendencia a tambalearse.

Usted, habrá observado quizá, a alguna persona entrada en años, que tiene que ser ayudada a subir y bajar de un autobús o de un coche. Aunque sus amigos le digan que está disfrutando de una buena salud, siempre hay alguien que trata de ayudarle para realizar una de esas tareas. Porque la persona ya entrada en años no es tan ágil y rápida como era antes.

Las personas de esta edad, cuando comienzan a bajar escaleras, a veces gimen. Esto nos recuerda lo que escribió el apóstol Pablo en 2 Corintios 5:4, "Los que estamos en esta tienda de campaña gemimos con angustia". (otra versión dice "suspirando y agobiados".) Es que las piernas ya no les responden como antes. El tratar de subir y bajar escaleras comienza a ser una molestia y aparecen los dolores en las rodillas. Pronto se ve la necesidad de contar con la ayuda de un bastón.

¡Qué cuadro, pues, el que tenemos aquí ante nosotros, amigo lector! Y Salomón continuó describiendo un cuerpo en estado de decaimiento general. Después dijo: "y se encorven los hombres fuertes". Aquí él se estaba refiriendo a los hombros, que ya no pueden permanecer erguidos como antes, en la época de la juventud y la madurez y comienzan a encorvarse, adoptando una postura que, en esas condiciones, resulta más cómoda para el cuerpo.

Y luego continúa esta descripción con la frase: "cuando cesen de trabajar las que muelen, porque habrán disminuido". Los que muelen son los dientes. Aquí se alude a la pérdida de los dientes y la persona pasa a depender más del dentista para prevenir o hacer frente al desgaste natural, para reponer las piezas dentales, colocarse puentes o dentaduras postizas.

Y la descripción de este versículo se completa con la frase "y se queden oscuras las que miran por las ventanas". Aquí se refiere a la pérdida progresiva de la vista. Así que estas ventanas del cuerpo comienzan a oscurecerse. Las cosas ya no se ven tan brillantes como se veían antes. Luego, en el versículo 4, de este capítulo 12 de Eclesiastés, dice:

*"Cuando las puertas de afuera se cierren, y se vaya apagando el ruido del molino; cuando se escuche la voz del ave, pero las canciones dejen de oírse"*

La primera frase "cuando las puertas de afuera se cierren" es casi una descripción poética que se refiere a la pérdida del sentido del oído.

Seguimos leyendo en el mismo versículo 4: "cuando se escuche la voz del ave". A las personas jóvenes ni siquiera el despertador las despierta por la mañana. Tampoco les molesta el ruido que hacen los niños, y les agrada escuchar la música al máximo volumen. Sin embargo, a las personas mayores, cualquier pájaro cantando al amanecer las puede despertar.

Luego nos dice al final del versículo 4 "pero las canciones dejen de oírse". Evidentemente las personas mayores ya no pueden cantar en la forma en que lo hacían antes. Incluso los cantantes, aquellos que alguna vez tuvieron voces magníficas, van perdiendo la calidad y la potencia de sus voces.

Y así, Salomón continuó hablando de la ancianidad. Y entonces él llegó a un punto que consideramos trágico, porque ahora vamos a observar los efectos psicológicos. Leamos ahora el versículo 5:

*"Cuando se tema también a las alturas, y se llene de peligros el camino, y florezca el almendro, y la langosta sea una carga, y la alcaparra pierda su efecto; porque el hombre va a su morada eterna, y rondarán por las calles quienes hacen duelo"*

Dice aquí la primera frase "cuando se tema también a las alturas". Es decir, que a los ancianos ya no les gusta viajar como cuando eran jóvenes. Y las cosas pequeñas les preocupan, cosas que en otras épocas no les molestaban, considerándolas insignificantes.

Después dijo el escritor: "Y se llene de peligros el camino". Las cosas ya no se disfrutan como se disfrutaban en el pasado. Hay personas ancianas a las que les encantaba viajar y recorrer grandes distancias, por todo el mundo. Cuando eran jóvenes no se preocupaban tanto de la forma en que viajaban, ni del estado de los vehículos, ni del medio de transporte utilizado. Les gustaba la aventura de lo imprevisible, las situaciones nuevas, la improvisación y el cambio de planes. Pero cuando pasan los años, las cosas cambian y entonces se preocupan por detalles que antes no les preocupaban y, de todas formas, se sienten inseguras o experimentan temor ante cualquier alteración del plan previsto, o ante cualquier situación que pueda representar un peligro.

Luego, se nos dice aquí siguiendo con este versículo 5, "y florezca el almendro". Cuando florece el almendro, muestra flores blancas. Y eso quiere decir que la persona que está cercana a la ancianidad verá que su cabeza se llena de canas, sus cabellos se tornan grises, luego blancos. O si no, quizás se pierdan completamente por efectos de la calvicie.

Ahora, notemos lo que Salomón sigue diciendo aquí, en este mismo versículo 5, "y la langosta sea una carga". ¿Cómo puede una pequeña langosta llegar a ser una carga? Es que cuando llega la ancianidad, hechos o detalles pequeños que nunca molestaban, se convierten en una carga. Pongamos por ejemplo a los nietos. Si usted es ya un anciano y tiene nietos, por supuesto que usted los ama y le gusta pasar algún tiempo con ellos; pero después de unas horas, usted respira con alivio cuando sus padres se los llevan, ¿no es verdad? Porque las fuerzas fallan, la capacidad de resistencia ya no es la misma, y la paciencia se agota más rápidamente. Entonces hasta las pequeñeces se convierten en una carga.

Luego se nos dice aquí en este mismo versículo 5: "y la alcaparra pierda su efecto". Lo que sucede es que el organismo del anciano está tan debilitado que las propiedades estimulantes de esa planta llamada alcaparra ya no surten efecto. Además, se produce una pérdida del apetito.

Y finalmente dice este versículo 5, "porque el hombre va a su morada eterna y rondarán por las calles quienes hacen duelo". Al acercarse la muerte, el ser humano se encuentra próximo a la eternidad. Continuemos la descripción leyendo el versículo 6 de Eclesiastés 12:

*"Antes que la cadena de plata se quiebre, se rompa el cuenco de oro, el cántaro se quiebre junto a la fuente y la polea o rueda se rompa sobre el pozo"*

En este versículo tenemos una lista de órganos del cuerpo. Hacia el final de la vida, comienzan a dejar de funcionar o funcionan defectuosamente. Esa "cadena de plata" es la médula espinal. Ese "cuenco de oro" es la cabeza, la cavidad o receptáculo para el cerebro. El funcionamiento del cerebro decrece en eficiencia con el aumento de la edad, y en el momento de la muerte deja de funcionar por completo.

"El cántaro que se quiebra junto a la fuente", se refiere a los pulmones. "La polea o la rueda que se rompe sobre el pozo" es el corazón. Ya no se bombea sangre a través del cuerpo. Toda esta descripción es una imagen del deterioro de la ancianidad que, finalmente, conduce a la muerte. La vida no puede mantenerse sin el funcionamiento de estos órganos.

Luego, en el versículo 7, dijo el escritor:

*"Antes que el polvo vuelva a la tierra, como era, y el espíritu vuelva a Dios que lo dio".*

El alma no duerme. Y nos gustaría que aquellas personas que usan versículos del libro del Eclesiastés para apoyar sus ideas sobre el sueño del alma, solo continuaran leyendo hasta que llegaran a este versículo. El cuerpo descansa, pero el espíritu, o el alma, regresan a Dios, que fue quien lo dio.

Reiteramos que el Nuevo Testamento nos asegura que estar ausente del cuerpo significa estar presente con el Señor (como vemos en 2 Corintios 5:8). El alma regresa inmediatamente a Dios. El cuerpo es simplemente un tabernáculo, una tienda de campaña en la que vivimos. Es como una envoltura externa. El alma va a estar con Dios.

Luego, en el versículo 8, de este capítulo 12 de Eclesiastés, leemos:

*"¡Vanidad de vanidades, dijo el Predicador, todo es vanidad!"*

la vida es un verdadero vacío si usted la está viviendo nada más que para aquí y ahora. Algún día usted descubrirá que todo lo que tiene en su mano es nada más que un puñado de cenizas, y que delante suyo, se encuentra toda una eternidad. Un escritor lo expresó de la siguiente manera: "Cuando era niño reía y lloraba, y el tiempo se arrastraba; cuando era joven soñaba y hablaba, y el tiempo andaba; cuando llegué a la madurez, el tiempo echó a correr; cuando llegué a la vejez, el tiempo voló veloz; y muy pronto, al seguir mi andar, el tiempo desapareció".

El salmista dijo: "Enséñanos de tal modo a contar nuestros días, que traigamos al corazón sabiduría". (Salmo 90:12) Y esa sabiduría es el Señor Jesucristo mismo. Alguien describió esto de la siguiente manera: "Tú sabes Señor que estoy envejeciendo". Y siguió diciendo: "El fuego de mi juventud comienza a arder sin llamas; de alguna forma tiendo a recordar y a hablar de los días buenos que comienzo a echar de menos. Tengo un humor cambiante, mandón, y pienso que todos deben obedecer mis órdenes inmediatamente. Ayúdame, Señor, a ocultar mis dolores y a darme cuenta de mis propias equivocaciones. Haz de mí una persona dulce, silenciosa, serena; en lugar de ser áspero, amargo y malo". ¡Que el Señor nos ayude a envejecer con dignidad! Luego, en los versículos 9 al 11, de este capítulo 12 de Eclesiastés, leemos:

*"Cuanto más sabio fue el Predicador, tanto más enseñó sabiduría al pueblo. Escuchó, escudriñó y compuso muchos proverbios. Procuró el Predicador hallar palabras agradables y escribir rectamente palabras de verdad. Las palabras de los sabios son como aguijones, y como clavos hincados las de los maestros de las congregaciones, pronunciadas por un pastor".*

En ninguna manera deberíamos despreciar la sabiduría del pasado, ni negarnos a ser enseñados. Y el versículo 12, dice:

*"Ahora, hijo, a más de esto acepta ser amonestado. No tiene objeto escribir muchos libros; el mucho estudio es fatiga para el cuerpo".*

De acuerdo con la conclusión del escritor, la educación no resuelve los problemas de la vida. Leamos ahora el versículo 13, en el cual Salomón nos habló del

## Resultado del experimento

*"El fin de todo el discurso que has oído es: Teme a Dios y guarda sus mandamientos, porque esto es el todo del hombre".*

Aquí se destaca el mandato "Teme a Dios". Éste es el mensaje del Libro de los Proverbios así como el mensaje de este pasaje. A la luz del experimento realizado "debajo del sol", una actitud sabia es tener un temor de Dios que significa reverencia, adoración y obediencia hacia Él.

Y continuó diciendo Salomón "y guarda sus mandamientos", que implica satisfacer las condiciones de Dios para la salvación, a la edad que sea, fundamentada en la fe en Dios. Para Abel, hijo de Adán, implicó traer un cordero. Para Abraham significó creer las promesas de Dios. Para el pueblo de Israel implicó acercarse a Dios por medio de un sacrificio en el tabernáculo y en el templo. Para nosotros significa responder a la siguiente invitación: "Cree en el Señor Jesucristo, y serás salvo". (Hechos 16:31)

Leamos finalmente, el versículo 14 de este último capítulo 12 de Eclesiastés.

*"Pues Dios traerá toda obra a juicio, juntamente con toda cosa oculta, sea buena o sea mala".*

Aquí dice "Dios traerá toda obra a juicio". O sea que, Dios juzgará a cada individuo, porque cada uno es un pecador culpable delante de Dios. Cristo sufrió nuestro juicio; Él murió una muerte de juicio. Nuestros pecados están sobre Cristo por la fe en Él, o si no tendremos que presentarnos ante el Gran Trono Blanco para el juicio.

Al comienzo de este capítulo 12, leímos: "Acuérdate de tu Creador en los días de tu juventud". ¿Por qué? Por una razón muy concreta: porque en lo que respecta a la salvación las oportunidades de ser salvo son mayores; y en al tema del servicio usted tendrá algo que ofrecer a Dios. Las estadísticas demuestran que más personas vienen a Cristo cuando son jóvenes. Pero eso no quiere decir que las personas mayores no puedan aceptar a Cristo y ser salvas. Por nuestra experiencia, conocemos muchísimos casos de personas de avanzada a edad que comienzan a establecer una relación con Dios.

La segunda razón por la cual Salomón apeló especialmente a los jóvenes fue que, en cada época, ellos han tenido toda una vida de servicio para ofrecer a Dios. En la Biblia, aquellos que ofrecieron un verdadero servicio, que tuvieron algo que ofrecer a Dios, fueron hombres jóvenes. Recordemos José, Moisés, Daniel, Jeremías, Gedeón, David y Saulo de Tarso, Timoteo, y tantos otros hombres y mujeres que uno podría nombrar en el día de hoy.

No existe pues, ninguna respuesta a los problemas de la vida debajo del sol. Jesucristo es la única solución. ¿Por qué pues, no entregarse a Él ahora mismo? Él dijo, en Juan 6:37: "El que a mí viene, no le echo fuera". ¡Acuda usted a Cristo Jesús ahora mismo y sea salvo por toda la eternidad!

Y así concluimos nuestro estudio de este Libro de Eclesiastés. Dios mediante en nuestro próximo estudio, continuaremos en el Antiguo Testamento y al despedirnos hoy le invitamos a que nos acompañe en nuestro estudio del *Cantar de los Cantares*.

# Conclusión

Salomón escribió el Eclesiastés como advertencia a quienes intentan encontrar la alegría sin Dios. De hecho, es imposible vivir sin Dios, pues es Él quien «ha puesto la eternidad en sus corazones» (3:11). La búsqueda salomónica de la felicidad a través de la experiencia y la filosofía no conduce a ninguna parte sin Dios. Cristo no vino al mundo para hacer soportable la vida humana. Vino para darnos vida «en abundancia» (Jn 10,9.10). Cristo sigue siendo el único pastor, la fuente de toda sabiduría (12,11). Sin Cristo, por tanto, cualquier búsqueda será vana e infructuosa.

Motivos de oración del Eclesiastés

***Oración por la sabiduría en la búsqueda del sentido: Oremos*** por sabiduría en la búsqueda de sentido y propósito en la vida, inspirados en las reflexiones del autor en Eclesiastés 1:13-14.

***Confesar que se depende más de Dios que de los logros materiales:*** Confesemos cualquier dependencia excesiva de los logros materiales y pidamos a Dios que sea nuestra verdadera fuente de satisfacción, basándonos en la advertencia contra la vanidad de Eclesiastés 2:11.

***Oremos por la satisfacción en todas las circunstancias:*** Oremos por la satisfacción en todas las circunstancias, inspirándonos en la enseñanza sobre la importancia de la satisfacción en Eclesiastés 3:12-13.

***Confesar cualquier búsqueda egoísta y excesiva:*** Confesemos cualquier búsqueda egoísta y excesiva de placer y felicidad y pidamos a Dios que nos guíe hacia una perspectiva equilibrada, inspirándonos en las reflexiones del autor en Eclesiastés 2:1-3.

***Oremos por un enfoque sabio del trabajo y los logros:*** Reza por un enfoque sabio del trabajo y los logros, reflexionando sobre la importancia de la sabiduría en Eclesiastés 2:26.

***Confesar cualquier forma de opresión o injusticia:*** Confesemos cualquier forma de opresión o injusticia en nuestras vidas y en el mundo, y pidamos a Dios que nos capacite para trabajar por la justicia, basándonos en las reflexiones sobre la opresión de Eclesiastés 4:1.

***Rezar por una perspectiva eterna en lugar de materialista:*** Reza por una perspectiva eterna en lugar de centrarte en el materialismo, inspirándote en la enseñanza sobre la vanidad de las posesiones materiales de Eclesiastés 5:10.

***Confiesa cualquier búsqueda irrestricta de placer:*** Confesemos cualquier búsqueda irrestricta de placer y pidamos a Dios que nos guíe hacia una vida equilibrada, inspirándonos en las reflexiones sobre el placer en Eclesiastés 7:2-4.

***Pedir discernimiento en las relaciones humanas:*** Oremos por el discernimiento en nuestras relaciones humanas, inspirándonos en las reflexiones sobre las relaciones en Eclesiastés 4:9-12.

***Dar gracias por la gracia de Dios en medio de la vanidad:*** Demos gracias por la gracia de Dios en medio de la vanidad y la incertidumbre de la vida, inspirándonos en la conclusión del autor en Eclesiastés 12:13-14.

# Don't miss out!

Visit the website below and you can sign up to receive emails whenever Sermones Bíblicos publishes a new book. There's no charge and no obligation.

https://books2read.com/r/B-A-ALQN-XAOLF

**BOOKS2READ**

Connecting independent readers to independent writers.

Did you love *Clase Bíblica para Adultos y Jóvenes: Guía Principiantes: Eclesiastés*? Then you should read *Clase Bíblica para Jóvenes y Adultos: Guía de Principiantes: Introducción a la Biblia*[1] by Sermones Bíblicos!

[2]

**Continúa nuestra introducción al estudio bíblico, el comienzo de una serie que explora la Biblia capítulo por capítulo, desde Génesis hasta Apocalipsis.** Ofrecemos lecciones interesantes tanto para jóvenes como para adultos, presentadas con claridad y enfocadas en los eventos más trascendentales para el enriquecimiento espiritual. Examinaremos la importancia de *"leer la Biblia"*, *"estudiar la Biblia"* y *"meditar en la Biblia"*.

dirijida por Hermanos congregados en el nombre del Señor Jesucristo, *practicantes de la Sana Doctrina Cristiana.*

---

1. https://books2read.com/u/3LBkJM

2. https://books2read.com/u/3LBkJM

# Also by Sermones Bíblicos

**CLASE BÍBLICA DESDE CERO**
Clase Bíblica para Jóvenes y Adultos: Guía de Principiantes: El Pentateuco

**Clase Bíblica Dominical Para Jóvenes y Adultos**
Clase Bíblica para Jóvenes y Adultos: Guía de principiantes: Génesis
Clase Bíblica para Jóvenes y Adultos: Guía de Principiantes: Éxodo
Clase Bíblica para Jóvenes y Adultos: Guía de Principiantes: Levítico
Clase Bíblica para Jóvenes y Adultos: Guía de principiantes: Números
Clase Bíblica para Jóvenes y Adultos: Guía de Principiantes: Deuteronomio
Clase Bíblica para Jóvenes y Adultos: Guía de Principiantes: Josué
Clase Bíblica para Adultos y Jóvenes: Guía de Principiantes: Jueces
Clase Bíblica para Adultos y Jóvenes: Guía de Principiantes: Rut
Clase Bíblica para Adultos y Jóvenes: Guía Principiantes: 1 Samuel
Clase Bíblica para Adultos y Jóvenes: Guía Principiantes: 2 Samuel
Clase Bíblica para Adultos y Jóvenes: Guía Principiantes: 1 Reyes
Clase Bíblica para Adultos y Jóvenes: Guía Principiantes: 2 Reyes
Clase Bíblica para Adultos y Jóvenes: Guía Principiantes: 1 Crónicas
Clase Bíblica para Adultos y Jóvenes: Guía Principiantes: Salmos
Clase Bíblica para Adultos y Jóvenes: Guía Principiantes: Proverbios
Clase Bíblica para Adultos y Jóvenes: Guía Principiantes: Eclesiastés

Clase Bíblica para Jóvenes y Adultos: Guía de Principiantes:
Introducción a la Biblia

**Enseñanzas de la Sana Doctrina Cristiana**
Enseñanzas de la Sana Doctrina Cristiana: Saliendo de Egipto a
Canaán 2007
Enseñanzas de la Sana Doctrina Cristiana: Saliendo de Egipto a
Canaán 2008
Analizando la Enseñanza en 2 Samuel: El Liderazgo del Rey David
Enseñanzas de la Sana Doctrina Cristiana: Tesoros Bíblicos
Enseñanzas de la Sana Doctrina Cristiana: El Progreso del Peregrino
Enseñanzas de la Sana Doctrina Cristiana: El Progreso de la Peregrina

**Estudiando El Tabernáculo de la Biblia**
El Tabernáculo: Descripción de sus Componentes
Principios Bíblicos para una Iglesia: Ilustrados por El Tabernáculo
El Tabernáculo: En el Desierto y las Ofrendas
El Tabernáculo: Las Ofrendas Levíticas, el Sacrificio de Expiación
El Tabernáculo: Un santuario Terrenal
Analizando la Enseñanza del Trabajo en el Libro Profético de Jeremías
y Lamentaciones

**Estudio Bíblico Cristiano Sobrevolando la Biblia con Enseñanzas
de la Sana Doctrina**
Estudio Bíblico: Génesis 1. La Creación en Seis Días
Estudio Bíblico: Génesis 2. Estatutos de la Creación
Estudio Bíblico: Génesis 3. La Caída del Hombre
El Tabernáculo: En el Nuevo Testamento

**La Enseñanza en la Clase Bíblica**



**Los Cuatro Evangelios de la Biblia**

Analizando Notas en el Libro de Lucas: El Amor Divino de Jesús
Revelado
Analizando Notas en el Libro de Juan: La Contribución de Juan a las
Escrituras del Nuevo Testamento

**Los Cuatro Evangelios de la Biblia**
Analizando Notas en el Libro de Mateo: Cumplimientos de las
Profecías del Antiguo Testamento

**Notas en el Nuevo Testamento**
Analizando Notas en el Libro de los Hechos: Un Viaje de
Continuación en la Obra de Jesús

**Profecías Bíblicas**
Perfíl Profético: La Última Semana, La Gran Tribulación
Claras Palabras Proféticas: La Profecía Hecha Historia
Perspectiva de la Profecía: El Próximo Gran Acontecimiento
Desarrollo Profético de Dios: Las Señales de los Tiempos
Profecía Cronológica: Las Cosas que Sucederán en la Tierra
Seis Días Proféticos en la Biblia

**Sermones de C. H. Spurgeon**
La Procesión del Dolor

**Sobrevolando la Biblia**

Símbolos en la Biblia: Sana Doctrina Cristiana

**Standalone**
Cristo en Toda la Biblia: Estudio Bíblico
Notas en los Cuatro Evangelios: Comentario Bíblico
Analizando Lo que Está por Suceder: Las Profecías de Dios
Himnos del Evangelio
El Tabernáculo en la Biblia: Como Enseñar el Tabernáculo
Clase Bíblica para Jóvenes y Adultos: Hallowen, No me Dejo
Endulzar

## About the Author

**Esta serie de estudios bíblicos** es perfecta para cristianos de cualquier nivel, desde niños hasta jóvenes y adultos. *Ofrece una forma atractiva e interactiva de aprender la Biblia,* con actividades y temas de debate que le ayudarán a profundizar en las Escrituras y a fortalecer su fe. Tanto si eres un principiante como un cristiano experimentado, esta serie te ayudará a crecer en tu conocimiento de la Biblia y a fortalecer tu relación con Dios. Dirigido por hermanos con testimonios ejemplares y amplio conocimiento de las escrituras, *que se congregan en el nombre del Señor Jesucristo Cristo en todo el mundo.*